Angelo Maria Consoli

# Esercitazioni teologiche

Angelo Maria Consoli

# Esercitazioni teologiche

## In chiave spirituale

Edizioni Sant'Antonio

**Impressum / Stampa**
Bibliografische Information der Deutschen Nationalbibliothek: Die Deutsche Nationalbibliothek verzeichnet diese Publikation in der Deutschen Nationalbibliografie; detaillierte bibliografische Daten sind im Internet über http://dnb.d-nb.de abrufbar.


Informazione bibliografica pubblicata da Deutsche Nationalbibliothek (Biblioteca Nazionale Tedesca): la Deutsche Nationalbibliothek novera questa pubblicazione su Deutsche Nationalbibliografie. Dati bibliografici più dettagliati sono disponibili in internet al sito web http://dnb.d-nb.de.


Coverbild / Immagine di copertina: www.ingimage.com

Verlag / Editore:
Edizioni Accademiche Italiane
ist ein Imprint der / è un marchio di
OmniScriptum GmbH & Co. KG
Heinrich-Böcking-Str. 6-8, 66121 Saarbrücken, Deutschland / Germania
Email / Posta Elettronica: info@edizioni-ai.com

Herstellung: siehe letzte Seite /
Pubblicato: vedi ultima pagina
**ISBN: 978-3-639-60600-3**

# PREFAZIONE

La tensione a cimentarsi nell'investigazione della Verità è un desiderio insopprimibile della ragione umana che lo spinge a una continua e meticolosa riflessione, all'approfondimento del mistero dell'esistenza e al confronto delle conoscenze acquisite lungo lo scorrere dei secoli, indipendentemente dal credo religioso, dalla formazione umana e culturale e dal contesto ambientale in cui l'uomo si trova a vivere ed agire.

La ragione umana è naturalmente abilitata a questo perché forgiata in modo tale da possedere sia le capacità intellettive per procedere con successo, che quello spirito d'avventurosa curiosità perennemente pulsante come fonte inesauribile d'ogni umana ricerca.

Una ricerca che trae sempre nuovo vigore dall'inconscia consapevolezza che non si potrà mai giungere al pieno possesso della Verità tutta intera, semmai giungere a percepire acquisizioni sempre più nitide e luminose del mistero di Dio, dell'uomo e dell'esistenza, argomenti fondamentali che la compongono nella sua essenza.

Ho sempre creduto fondamentale, per progredire nella conoscenza, affinare la disposizione a crescere in quello spirito di squadra che permette all'uomo di attingere dal prezioso tesoro delle conoscenze acquisite nello scorrere dei secoli frutto dell'impegno, dello studio, della fatica di ogni uomo e messe generosamente a disposizione per la crescita intellettuale e spirituale di tutto il genere umano. Perché sicuramente le comprensioni che ciascuno riesce ad acquisire costituiscono la piattaforma per poter compiere ulteriori balzi in avanti nella meravigliosa azione di disvelamento della Verità nella quale siamo immersi, una Verità che ci precede, ci sovrasta e ci supera.

Questo libro, pur nella semplicità della sua esposizione a volte, forse, ardita, vuole dare corpo a questa mia convinzione. Si tratta della raccolta delle semplici esercitazioni teologiche risalenti agli anni di formazione in Seminario e le annotazioni spirituali composte nel primo decennio di ministero pastorale, che umilmente desidero mettere a disposizione di coloro che, come me, sono mossi dall'anelito di approfondire il mistero di Dio e della Chiesa per attingere nuovo vigore nel vivere in maniera più cosciente e radicale la bellezza della fede ricevuta in dono. Perché è la riflessione che ne rende più nitidi i contorni e più comprensibili i contenuti.

# PARTE I: ESERCITAZIONI TEOLOGICHE

# CAPITOLO I

## RIFLESSIONI SUL PUNTO XIII
## DELL'ESORTAZIONE APOSTOLICA
## *FAMILIARIS CONSORTIO*
## Gesù Cristo, sposo della Chiesa e il sacramento del matrimonio

I.1.: INTRODUZIONE

Con questi semplici appunti, desidero conservare e condividere la mia riflessione su un punto dell'Esortazione apostolica *Familiaris consortio* di Giovanni Paolo II, con la quale il pontefice consegna all'Episcopato, al Clero e ai Fedeli di tutta la Chiesa cattolica la sua profonda riflessione teologica sul sacramento del matrimonio e la famiglia che, maturata nei lunghi anni del suo ministero sacerdotale ed episcopale, riesce a mettere in luce, con chiarezza e sistematicità, aspetti dottrinali e pastorali poco esplorati.

Da una lettura d'insieme del documento, l'argomentazione procede attraverso l'analisi di alcuni temi fondamentali in logica successione: dopo l'analisi del contesto culturale, sociale e spirituale in cui è inserita la famiglia nel tempo presente con le sue luci e le sue ombre (parte I), il pontefice approfondisce la tematica del matrimonio e famiglia come riflesso luminoso del disegno di comunione di Dio Padre, Figlio e Spirito Santo nei confronti dell'umanità (parte II). Si prosegue quindi a specificare i molteplici compiti della famiglia cristiana: la tensione alla formazione di una comunità di persone legate dal vincolo dell'amore (con particolare attenzione all'indissolubilità, i ruoli e la pari dignità dell'uomo e della donna, il servizio alla vita espresso nell'accoglienza del dono dei figli e gli anziani) a partire

*«dalla visione integrale dell'uomo e della sua vocazione non solo naturale e terrena ma anche soprannaturale ed eterna»*[1].

Viene poi analizzata la Missione educatrice della famiglia, sia in vista dell'edificazione della comunità ecclesiale che come partecipazione allo sviluppo della società (parte III).

Nella parte IV il pontefice focalizza il ruolo fondamentale della famiglia nella vita e nella missione della Chiesa attraverso alcune tematiche fondamentali: la

[1]PAOLO VI, Lettera Enciclica *Humanae vitae*, 7 in *Enchiridion Vaticanum* /3, 593, EDB, Bologna 1985, 287.

centralità dell'ascolto e dell'approfondimento della Parola di Dio, la famiglia come santuario domestico della Chiesa, la ricchezza spirituale della preghiera familiare e il legame fondamentale tra Eucarestia e matrimonio. A partire dall'approfondimento della fede, i coniugi sono chiamati a riscoprire e contemplare il prodigioso disegno divino sulla famiglia, il compito profetico ad essa affidato di annunciare il Vangelo ad ogni creatura sia in ambito ecclesiale che sociale; si approfondiscono le problematiche più urgenti di pastorale familiare: la necessità alla preparazione remota e prossima al sacramento del matrimonio, la riscoperta del valore soprannaturale del fidanzamento, la celebrazione del sacramento, la cura e l'accompagnamento della famiglia nel suo percorso di vita, infine vengono evidenziate le figure e i ruoli specifici degli operatori di pastorale familiare (vescovi, presbiteri, religiosi e laici specializzati). Per ultimo vengono approfonditi i casi problematici di pastorale familiare presenti nel mondo contemporaneo: le famiglie dei migranti, quelle ideologicamente divise, i matrimoni misti ed alcune situazioni religiosamente e socialmente irregolari: matrimonio per esperimento, unioni libere di fatto, cattolici uniti solo civilmente, separati e divorziati risposati e non.

Di tutti questi interessanti argomenti dal punto di vista teologico, spirituale e pastorale, ha catturato la mia attenzione dal quale scaturiscono queste semplici riflessioni, il numero 13 della *Familiaris consortio*, in cui si esprime il legame profondo tra il sacramento del matrimonio e Gesù Cristo sposo della Chiesa sposa. Si tratta di una tematica molto pregnante perché ricca di contenuti spirituali alla quale i coniugi devono costantemente attingere per cogliere dove risiede la novità e la portata salvifica del sacramento matrimoniale che rivela in modo luminoso il mistero dell'amore di Dio, e che purtroppo raramente viene messo in luce in maniera adeguata dai sacerdoti nei corsi di preparazione al matrimonio e nell'omiletica.

## I.2.: MATRIMONIO: SEGNO CRISTOLOGICO

La relazione d'amore uomo – donna, che costituisce il fondamento morale del matrimonio[2], si fonda nel rapporto salvifico che lega Cristo con la Chiesa e ne riflette simbolicamente l'Alleanza. Si tratta della poderosa dottrina teologica sul matrimonio espressa da Paolo in *Ef.* 5, 21 – 33: «Siate sottomessi gli uni gli altri nel timore di Cristo» (5,21); «E voi, mariti, amate le vostre mogli come Cristo ha amato la Chiesa e ha dato se stesso per lei» (5, 25). Il testo fa comprendere come l'amore coniugale trova il suo criterio nel sacrificio che Cristo ha fatto della sua vita; la dedizione vicendevole dei coniugi tende ad esprimere la dedizione di Cristo per la sua Chiesa e della Chiesa nei confronti di Cristo. Non solo, essendo il matrimonio un sacramento, cioè un segno che realizza quel legame fontale di Cristo e la Chiesa, diventa al tempo stesso luogo in cui si concretizza la redenzione lungo il procedere della storia[3].

Dal testo si evince in modo esplicito, la grande stima che Paolo nutre nei confronti della relazione coniugale. Nel solco della tradizione profetica veterotestamentaria che descrive magnificamente la relazione d'Alleanza tra Dio e Israele in termini di matrimonio (cfr. *Ez* 16,8); Paolo, tra tutte le istituzioni umane esistenti al suo tempo, sceglie e usa con audacia il legame matrimoniale tra i coniugi come analogia del vincolo stretto fra Cristo e la comunità dei credenti, perché è un perfetto esempio di *Kenosis*, di profonda unità che si realizza grazie al potere unificante dell'amore. Così procedendo Paolo proclama la santità e l'onorabilità del matrimonio[4].

La *Familiaris consortio*, in modo ancora più incisivo, parla a tal proposito della sacramentalità del matrimonio come di un simbolo reale:

*«Questa rivelazione raggiunge la sua pienezza definitiva nel dono d'amore che il Verbo di Dio fa all'umanità assumendo la natura umana, e nel sacrificio che Gesù Cristo fa di se stesso sulla croce per la sua sposa, la Chiesa. In questo sacrificio si*

---

[2]AA. VV., *Bellezza e spiritualità dell'amore coniugale. Con un inedito di Karol Wojtyla*, Cantagalli, Siena 2009, 19.

[3]F. COURTH, *I Sacramenti. Un trattato per lo studio e la prassi*, Queriniana, Brescia 2008, 442 – 443.

[4]G. F. HAWTHORNE, "Matrimonio e Divorzio, Adulterio e Incesto", in PENNA R., ed. *Dizionario di Paolo e delle sue lettere*, Paoline, Cinisello Balsamo (MI) 1999, 995 – 996.

*svela interamente quel disegno che Dio ha impresso nell'umanità dell'uomo e della donna, fin dalla loro creazione; il matrimonio dei battezzati diviene così il simbolo reale della nuova ed eterna Alleanza, sancita nel sangue di Cristo»*[5].

Giovanni Paolo II afferma che gli sposi sono per la Chiesa il richiamo permanente del mistero che si è consumato sulla croce. Il Matrimonio dei battezzati è il segno reale della salvezza operata da Cristo con la sua dolorosa morte. Gli stessi sono chiamati a vivere nella stessa intensità, quella carità vissuta da Cristo fino all'effusione del sangue. Non si tratta di una vaga analogia o di una descrizione parabolica, ma di un fatto salvifico che in Cristo è realmente accaduto non come un episodio isolato e straordinario, ma come il punto culminante di una donazione annunciata in tutta la sua vita e testimoniata dai suoi gesti, dalle sue opere e parole. Il dono totale che Cristo fa di sé sul Golgota, anticipato nel cenacolo con l'istituzione dell'Eucarestia, fa della croce il talamo nuziale in cui si celebra e si consuma il matrimonio di Cristo con l'umanità secondo una immagine tanto cara ai padri della Chiesa. E l'amplesso si realizza nel momento in cui dal fianco squarciato e dal cuore trafitto di Gesù, con i simboli dell'acqua e del sangue, viene generata la Chiesa sua sposa. Il radicamento della spiritualità coniugale nel mistero della croce, fa partecipare gli sposi della stessa donazione di Cristo fino alla fine. Cristo sposo è il modello perfetto e luminoso per una coniugalità autentica tra gli sposi, che devono donarsi fino al punto di saper offrire la vita; quel modello deve, inoltre, suscitare una costante tensione nei coniugi verso una sempre più perfetta configurazione.

Concretamente, gli sposi cristiani sono chiamati ad incarnare quella unione perfetta Cristo – Chiesa nelle loro vicende quotidiane, sublimando e trasfigurando ogni situazione, sofferenza e circostanza in cui c'è necessità di accettazione, comprensione e perdono. L'interpretazione in chiave sponsale del mistero della croce, ha aperto orizzonti nuovi al mio ministero pastorale; infatti quest'anno per spiegare il tempo quaresimale alla mia comunità, ho applicato nelle catechesi le categorie del fidanzamento e del matrimonio tra Cristo e l'umanità secondo uno schema che vorrei mettere a disposizione:

QUARESIMA

IL FIDANZAMENTO DI CRISTO CON L'UMANITA' CULMINANTE NEL MATRIMONIO

[5] GIOVANNI PAOLO II, Esortazione apostolica *Familiaris consortio*, 13 in *Enchiridion Vaticanum*/7, 1566, EDB, Bologna 1985, 1413.

## Dall'Incontro all'Estasi

### L'INCONTRO

Dal vangelo secondo Marco (1, 40 – 41)

In quel tempo, venne da Gesù un lebbroso che lo supplicava in ginocchio e gli diceva: «Se vuoi, puoi purificarmi». Ne ebbe compassione, tese la mano, lo toccò e gli disse: «Lo voglio, sii purificato».

La mano di Gesù è una mano carezzevole, tremolante, tesa timidamente verso la persona amata. Sicuramente pure il suo sguardo fu ripieno di tenerezza e affetto insieme ad una infinita tristezza nel vedere quell'uomo sfigurato dalla lebbra (simbolo dell'umanità deturpata nella sua dignità dalla forza disgregante del peccato). Ma Dio ha una capacità naturale che è esclusivamente sua: quando ci guarda con il suo sguardo innamorato, riesce a vederci nello splendore di ciò che potremmo diventare se non ci allontanassimo da Lui.

### FIDANZAMENTO: LA RICERCA DELL'INTIMITA'

Dal vangelo secondo Marco (1, 12 13)

Successivamente lo Spirito lo condusse nel deserto. Egli rimase nel deserto quaranta giorni tentato da Satana. Era con le fiere e gli angeli lo servivano.

Il Deserto: 1 – E' il luogo in cui Gesù si pone in ascolto seriamente della nostra umanità, delle nostre fatiche, dei nostri dubbi, dei nostri dolori, delle nostre speranze, delle nostre insofferenze.

2 – E' il luogo in cui Gesù ci dichiara in che cosa consiste il suo amore per noi: «Alzati! Rivestiti di luce perché viene la tua luce» (*Is* 60,1)….. Io ti aiuterò, prendi la mia mano e seguimi, ascolta la mia voce e lasciati guidare.

### L'ESTASI

Gesù sulla Croce

L'Amata a Gesù: "Non riesco a fidarmi di te: Perché la guerra, la morte, la sofferenza; perché le stragi, perché muoiono i bambini di fame …..?". Gesù all'Amata: "Supera e trascendi il tuo ragionamento, la tua intelligenza e credi nel

Signore Dio che è buono e vuole sempre la nostra felicità. Imitami accettando anche tu la coronazione di spine.

L'Amata: "Non riesco a trasformare la mia esistenza, a vincere i miei peccati, cancellare i miei vizi". Gesù all'amata: "Coraggio ce la farai perché io ho preso con le mie mani tutte le tue imperfezioni per inchiodarle sulla croce". Perché è con le mani che cediamo alle tentazioni: con le mani ci appropriamo di tutte le cose che affascinano i nostri occhi, inebriano il nostro udito, sembrano soavi all'udito.

L'Amata: "Non riesco ad accettare la mia storia, il mio matrimonio, mio figlio che si droga ….. Voglio fuggire …. Gesù: "Coraggio, non scappare, perché è lì che Dio vuole manifestare la sua gloria, lascia che i chiodi che hanno trapassato i miei piedi ti mantengano fedele alla tua vita.

### I.3.: INCORPORATI IN CRISTO NEL BATTESIMO

La *Familiaris consortio* 13 prosegue l'argomentazione affermando che mediante il Battesimo, l'uomo e la donna vengono inseriti nella nuova ed eterna Alleanza sponsale di Cristo con la Chiesa, dalla quale la loro unione d'amore e di vita viene elevata e trasfigurata nella carità sponsale di Cristo e continuamente arricchita e sostenuta dai suoi doni di grazia. Divenendo segno sacramentale del rapporto di Cristo con la Chiesa, l'amore sponsale viene consacrato con il carattere dell'indissolubilità. Nella Lettera alle Famiglie 11, Giovanni Paolo II afferma che l'indissolubilità dell'amore coniugale si fonda nell'antropologia del dono. Il dono libero e gratuito di sé è duraturo perché irrevocabile, non avanza alcuna pretesa perché quando ci si dona veramente non ci si appartiene più perché ci si consegna a un "TU". Ma la dinamica della donazione umana trova un'integrazione, una realizzazione piena e definitiva nel Battesimo, perché con l'incorporazione della persona a Cristo, viene rafforzato, arricchito di nuovi contenuti ed elevato il donarsi naturale. La persona viene inserita nel dinamismo della perfetta donazione di Cristo sulla croce che il sacramento dell'Eucarestia perpetua.

Ne consegue che la comunione indissolubile della coppia deve trarre necessario nutrimento dall'Eucarestia per attingere la forza e la possibilità di essere vissuta in ogni circostanza della vita e potersi mantenere fedele e richiede il coniugarsi di una duplice fedeltà alla natura e alla grazia, un binomio che Giovanni Paolo II utilizza a proposito della paternità responsabile[6].

Radicato nel Battesimo, il matrimonio come ogni sacramento diventa memoriale, attualizzazione e profezia:

*«In quanto memoriale il sacramento dà loro la grazia di far memoria delle grandi opere di Dio*
*e di darne testimonianza presso i loro figli; in quanto attualizzazione, dà loro la grazia e il dovere di mettere in opera nel presente, l'uno verso l'altra e verso i figli, le esigenze di un amore che perdona e che redime;*
*in quanto profezia,*
*dà loro la grazia e il dovere di vivere e di testimoniare la speranza del futuro incontro con Cristo»*[7].

Ogni rapporto sponsale esige una reciprocità di relazioni, così la Chiesa amata dal suo Signore fino alle estreme conseguenze, è chiamata a manifestare la sua tensione amorosa e la sua gratitudine nell'accoglienza docile e senza riserve del suo sposo che vuole adornarla di ogni grazia e benedizioni del cielo. Non solo, quando la Chiesa annuncia e celebra il matrimonio dal quale scaturisce il bene della famiglia, annuncia una realtà che fa parte di sé e non è fuori di sé e sempre in riferimento al bene spirituale e all'edificazione di tutta la comunità ecclesiale; esprime cioè la sua intima dimensione sponsale che consiste nell'essere posta di fronte / in relazione a un TU che le dà pieno significato e compimento:

così la Chiesa è sposa perché è posta di fronte a Cristo, l'uomo è sposo perché è posto di fronte alla donna amata, il Vescovo e il presbitero sono sposi perché posto di fronte alla comunità.

---

[6] AA. VV., *Bellezza e spiritualità dell'amore coniugale*, 57 – 59.
[7] *Familiaris consortio*, 13 in *Enchiridion Vaticanum*/7, 1566.

## 1.4.: CONCLUSIONE

L'affermazione che il matrimonio cristiano è simbolo reale dell'evento della salvezza realizzato da Dio in Cristo nello Spirito Santo, espressa con chiarezza nel n. XIII dell'Esortazione *Familiaris consortio*, è così ricca di significati teologico – spirituali da conferire al sacramento nuziale una fecondità, uno spessore e una ricchezza di contenuti che meritano di essere ulteriormente approfonditi dalla riflessione teologica.

A - Appare chiaro che, grazie alla tematica della simbologia reale applicata al matrimonio, il fatto inesprimibile dell'amore di Dio per gli uomini, riceve la sua forma linguistica ed ermeneutica dal vocabolario umano dell'esperienza del matrimonio e della famiglia in positivo e in negativo. Israele è la casa, ossia la famiglia di Dio; il volgersi di Dio al suo popolo viene presentato attraverso il linguaggio eloquente dell'amore nuziale; per contro l'infedeltà di Israele, la sua idolatria, è designata con le immagini dell'adulterio e della prostituzione.

L'evoluzione dottrinale del Nuovo Testamento porta a considerare il matrimonio come sacramento. La fede in Gesù Cristo esprime la novità che Dio radicalizza il suo amore fino all'unione fisica con l'uomo. Egli stesso diventa carne nel suo Figlio. In questo modo l'amore di Dio è entrato in una unione perfetta con l'uomo che è irreversibile e definitiva. Anche per l'amore umano viene tracciata la sua forma definitiva e splendente che è il ritorno alla verità originaria della creazione. La sacramentalità del matrimonio significa in altri termini, che il dono della creazione deturpato dall'uomo con il dramma del peccato, è diventato in Cristo grazia di redenzione e la creazione è stata così restaurata nel suo originario progetto.

B - Il richiamo alla dimensione sacrificale dell'amore di Gesù per la Chiesa consumata sulla croce, come orizzonte fondamentale in cui si radica il sacramento del matrimonio, recupera tutta la prospettiva umana del dolore e della sofferenza e la riempie di un significato nuovo, liberante e salvifico. Approfondire questa prospettiva è di fondamentale importanza per le famiglie moderne, inserite in un tempo in cui l'impostazione edonistica della vita tende a esorcizzare non solo la morte come dramma irrimediabile di cui non si deve parlare, ma qualunque forma di problema o di dolore, anche il minimo dispiacere: le incomprensioni naturali fra i coniugi, la fatica del lavoro o dell'educazione dei figli, le problematiche connesse alla presenza degli anziani.

I coniugi cristiani sono chiamati a vivere l'esperienza della sofferenza con lo sguardo e il cuore fissi su Gesù che, accogliendola fino in fondo, ne ha dischiuso tutta la sua portata salvifica. Il dolore e la sofferenza contengono una forza misteriosa capace di corroborare, intensificare e far crescere l'amore umano fra i coniugi e i familiari:

*«La famiglia, a partire dalle sue origini, si fonda sui sentimenti,*
*sulla capacità di sacrificio di chi lascia il testimone e di chi lo raccoglie.*
*Senza questa disponibilità fondativa,*
*anche l'amore più dichiarato rischia di sfaldarsi in ogni momento,*
*lasciando il posto a dolorose macerie»*[8]

[8] M. E. LUPARIA, *Famiglia, alzati e cammina!*, Edizioni San Paolo, Cinisello Balsamo (MI) 2009, 36.

# CAPITOLO II

# L'OPZIONE FONDAMENTALE DI CRISTO

# MODELLO DI RELAZIONI UMANE AUTENTICHE

II.1.: INTRODUZIONE

Il valore dell'amicizia (*philia*) è stato esaltato in modo luminoso nell'ambiente culturale greco – romano. Per Aristotele l'amicizia comporta una certa uguaglianza e comunione di sentimenti e di vita, espressione di un amore reciproco ordinato al bene; Cicerone insiste sulla conformità delle volontà, mentre Platone afferma che l'amicizia rappresenta l'evoluzione di una attrazione puramente fisica (*eros*) verso un tipo di relazione amorosa più spirituale che unisce gli amici nel modo più puro possibile.[9]

Anche se l'amicizia gode di un posto privilegiato nella tradizione giudeo – cristiana, bisogna riconoscere la scarsa incidenza che essa ha avuto nella catechesi e nella riflessione teologica; pure la spiritualità cristiana ha poco approfondito le sue dinamiche, giudicandola con sospetto; per studiarne la presenza nel cristianesimo bisogna far riferimento all'esperienza di amicizie spirituali vissute e testimoniate dalle grandi figure di santi che hanno colmato il vuoto di riflessione. Rimane particolarmente attuale e profonda la speculazione teologica di S. Tommaso che definisce l'amicizia l'espressione di amore umano più delicata e sublime, basata sulla benevolenza: un moto affettivo che schiude l'animo dell'uomo verso l'amico con un dinamismo altruistico ed estatico. La benevolenza fonda la vera amicizia solo nel momento in cui riesce a provocare nell'altro un movimento di ritorno analogo, deve infine realizzarsi un equilibrio affettivo tra l'altruismo estatico e l'egocentrismo della concupiscenza. L'amicizia è, dunque, una esperienza interiore che, sviluppandosi secondo dinamismi misteriosi e incontrollabili, tende a realizzare comunione affettiva e spirituale delle volontà degli amici fino a giungere ad una unione reale nella comunione di vita e di ideali.[10]

L'amicizia vera nasce libera dagli impulsi delle forze istintive e dai legami naturali, anche se non li esclude; scaturisce misteriosamente sulla base di affinità

---

[9] C. LE BOT, "Amicizia", in *Dizionario di Spiritualità Monfortana* (dir. S. DE FIORES), Edizioni Monfortane, Roma, 2005, 61.

[10] T. ALVAREZ, "Amicizia", in *Dizionario Enciclopedico di Spiritualità*, I (cur. E. ANCILLI – Pontificio Istituto di SpiritualitàTERESIANUM), Città Nuova, Roma 1995, 113.

spirituali non sempre omogenee, tendenti a realizzare la reciproca donazione in un contesto affettivo di forma esclusivamente spirituale. Come qualsiasi amore profondo, l'amicizia rifiuta i limiti del tempo al punto che il metro per misurarne l'autenticità è dato dal suo protrarsi e crescere nel tempo, come afferma la Scrittura: "Un nuovo amico è come un vino nuovo che bevi con piacere quando sarà invecchiato" (Sir 9,10).

Infine non sono da trascurare altri elementi che se presenti conferiscono marcano il carattere di autenticità all'amicizia: *il piacere* che gli amici devono godere dalla reciproca compagnia e che riesce a neutralizzare gli inevitabili momenti di tensione e di fastidio nella relazione; *l'accettazione* reciproca e sincera dell'originalità e unicità di cui ciascun individuo è depositario, senza cercare di fare dell'altro una persona diversa da quella che è; *la fiducia* che si manifesta nella reciproca convinzione che ogni azione, consiglio, dialogo che uno dei soggetti pone in essere è sempre finalizzato per il bene e l'edificazione dell'altro; *l'assistenza* reciproca sperimentabile nella presenza concreta dell'altro nei momenti di bisogno spirituali e materiali; *la comprensione* come capacità intuitiva di cogliere la verità dei comportamenti vicendevoli.[11]

[11] M. HERRAIZ, "Amicizia", in *Dizionario di Mistica*, (cur. L. BORRIELLO – E. CARUANA – M. R. DEL GENIO – N. SUFFI), Libreria Editrice Vaticana, Città del Vaticano, 1998, 87.

## II.2.: L'OPZIONE FONDAMENTALE DI DIO

Don Cataldo Zuccaro [12] nel suo manuale di Teologia Morale, definisce l'opzione fondamentale come quella scelta di fondo dell'uomo da cui si innesca un cammino personale e progressivo che trova il suo punto di arrivo nella comprensione del proprio mistero alla luce del progetto di Dio, che liberamente si può accogliere o rifiutare. Nella dinamica antropologica dell'agire morale, l'opzione fondamentale consiste in quel criterio morale di fondo attraverso cui la persona filtra, conferendo uno specifico significato e spessore, ogni sua azione e relazione. Essa rappresenta l'orizzonte globale di vita dentro il quale vanno a collocarsi le diverse azioni e relazioni in modo da riempirne lo spazio per renderlo visibile, come avviene nella realizzazione di un puzzle in cui tutte le tessere non possono essere disposte a caso, ma devono corrispondere a un progetto predefinito capace di rendere visibile la bellezza dell'immagine.[13]

Padre Giuseppe Crea[14] inserisce la tematica dell'Opzione, da lui chiamata "di fede", all'interno delle dinamiche psicologiche del soggetto. Si tratta della risposta libera della persona al Cristo vivente e operante nella chiesa, capace di realizzare la piena maturità umana. Si tratta dell'accoglienza di un progetto di vita così totalizzante e radicale avente la funzione di unificare la struttura delle varie componenti personalità, in modo da orientare il soggetto verso un autentico coinvolgimento di conversione che accompagna la persona per tutta la sua esistenza. "Quando la persona risponde alla chiamata di Dio, essa si attiva per una visione nuova delle cose, nella prospettiva dei cieli nuovi e terra nuova. Allo stesso tempo concretizza tale opzione di fondo con atteggiamenti che saranno conformi al proprio progetto vocazionale, integrando in tale cammino le varie difficoltà che può

---

[12] Don Cataldo Zuccaro, già docente di Teologia Morale presso il Pontificio Collegio Leoniano di Anagni e successivamente presso la Pontificia Università Urbaniana, nel mese di novembre 2008 è stato nominato Rettore Magnifico del medesimo ateneo.

[13] C. ZUCCARO, *Morale fondamentale*, EDB, Bologna, 1993, 159 – 161.

[14] Padre Giuseppe Crea, missionario comboniano, psicologo e psicoterapeuta, è docente invitato presso la Pontificia Università Salesiana e l'Istituto di teologia della vita consacrata Claretianum. E' esperto nelle problematiche legate alle dinamiche di gruppo delle comunità religiose.

incontrare nel proprio processo di crescita verso la santità".[15] Un processo che riguarda soprattutto le relazioni interpersonali della persona nelle quali la chiamata alla santità trova la possibilità di concretizzarsi.

In questa prospettiva si può affermare che l'amicizia spirituale, per essere compresa nella sua autenticità e vissuta in pienezza, deve essere inquadrata nell'orizzonte dell'opzione fondamentale. Una dinamica che riguarda pure la volontà e l'agire di Dio.

### II.2.1.: L'OPZIONE FONDAMENTALE DI DIO: L'UOMO.

Parlare di opzione fondamentale in riferimento a Dio, significa far riferimento a quel suo progetto eterno che viene rivelato all'uomo dopo averlo creato: Dio pensa l'uomo dall'eternità a sua immagine e somiglianza e lo crea in Cristo come suo partner per realizzare una sorta di intima compenetrazione. Dio vuole avvicinare l'uomo a sé per potersi a lui donare, per arricchirlo di sé in una reciproca appartenenza amorosa che esclude il possesso, negazione dell'amore. Nella realizzazione di questo progetto partecipa tutta intera la Trinità: il Padre è l'autore, il Figlio è l'attuatore e lo Spirito santo è la dinamica. La dimensione divina dell'amicizia è espressa con molta chiarezza dalla Dei Verbum, nelle battute iniziali così i padri conciliari si esprimono:

*"Dio parla agli uomini come ad amici e tratta con essi per invitarli ed ammetterli alla comunione con sé"*[16]

L'amicizia spirituale che lega Dio all'uomo è ampiamente testimoniata dalla Scrittura, ancora prima dell'Incarnazione, attraverso la categoria veterotestamnetaria dell'Alleanza: una iniziativa unilaterale eterna di Dio, attraverso la quale manifesta la decisione irrevocabile di essere compagno del, con e per il popolo d'Israele. Questo vincolo d'amore è così intrinseco che non si può immaginare Dio senza la presenza

[15] G. CREA, *Gli altri e la formazione di sé*, EDB, Bologna 2005, 36 – 37.
[16] CONCILIO ECUMENICO VATICANO II, *Dei Verbum*, 2: EV/1, 873.

dell'uomo. L'irrevocabilità dell'opzione a favore dell'uomo, fa si che Dio non può mai e per nessun motivo divenirgli ostile, ma lo impegna a intervenire sempre in favore dell'uomo come si evince dalle vicende dei patriarchi.[17]

Dio non si avvicina alla persona per assorbirlo o invaderlo; Egli è un vero amico che vuole la crescita del partner fino a elevarlo all'uguaglianza con sé. La tradizione spiritualità carmelitana ha sempre manifestato che il desiderio profondo di Dio è quello di dilatare l'anima dell'uomo, per trasfigurarla in una uguaglianza d'amicizia ed ammetterla al godimento dei medesimi beni. Dio che è amore, non annichilisce chi ha creato e redento per amore, ma si serve solo dell'amore per realizzare questa ineffabile opera.[18]

L'amicizia spirituale di Dio verso l'uomo, espressa dalla categoria dell'Alleanza, porta insite due conseguenze:

- La dipendenza: se l'uomo rifiutasse la sua dipendenza da Dio, svuoterebbe di significato tutta la sua esistenza. Il racconto biblico sul peccato originale, individua il male morale nel tentativo dell'uomo di ribaltare la sua dipendenza ontologica da Dio, così scegliendo perde quell'intimità dialogica che costituisce la sua autentica ricchezza: la dignità e il vero significato dell'uomo deriva dall'essere l'interlocutore Dio, reso capace, per grazia, a stargli di fronte.[19]

- La comunicazione orizzontale: l'uomo che accoglie l'amicizia di Dio è reso capace di donarla ai fratelli in tutta la sua purezza come espressione di amore oblativo. Questo movimento di donazione innesca due atteggiamenti complementari: uno *negativo* che consiste nel potenziare nell'altro l'attitudine a purificare tutto ciò che non è in conformità con Dio e che

[17] S. Luigi Grignon de Montfort afferma che tutta la storia dell'Antico Testamento appare come una dimostrazione di amicizia da parte dell'eterna Sapienza che si manifesta soprattutto come potenza amorosa creatrice e redentrice. Cfr. C. LE BOT, "Amicizia", 60.

[18] M. H. GARCIA, "Amicizia con Dio", in *Dizionario Carmelitano*, (dir. E. BOAGA – L. BORRIELLO), Città Nuova, Roma 2008, 18 – 19.

[19] C. LAUDAZI, *L'uomo chiamato all'unione con Dio in Cristo. Temi fondamentali di teologia spirituale*, Ed. OCD, Roma 2006, 60 – 61.

impedisce di cogliere il bene o ciò che è amabile nell'altro; l'altro *positivo* che consiste nell'attivare e accompagnare lo sviluppo di tutte le potenzialità e ricchezze che risiedono spesso sopite nel soggetto nell'ottica della gratuità.[20]

## II.3.: L'OPZIONE FONDAMENTALE DI CRISTO: IL PADRE E L'UOMO.

L'amicizia spirituale di Dio nei confronti dell'uomo raggiunge la sua pienezza nell'Incarnazione del Figlio; Gesù rivela la gloria del Padre come amore infinito e misericordia senza limiti; amplificando quelle categorie veterotestamentarie rimaste sopite nella riflessione teologica ebraica: Dio che è essenzialmente padre amoroso e instancabile nel ricercare l'uomo per condurlo a riappropriarsi dell'originaria dignità perduta a causa del peccato. Gesù è l'incarnazione di quel Dio bramoso che l'uomo abbia sete di lui, perché solo attingendo a quella fonte, può godere della pienezza di essere da cui deriva ogni felicità. Il primo valore fondamentale della personalità di Gesù è la sua comunione con il Padre, la sua totale identificazione con la sua volontà. L'amore di Gesù per il Padre è la chiave ermeneutica per comprendere tutti gli altri valori della sua vita e la fedeltà e l'amore che in essi riversò, tra i quali spicca l'amicizia fraterna offerta a tutti.[21]

Incarnandosi, il Logos battezzato col nome di Gesù, non ha un progetto proprio da compiere, una sua volontà, ma esclusivamente quella di compiere fino in fondo la volontà del Padre, come espresso dal salmista:

*"Tu non hai voluto né sacrificio, né offerta: un corpo mi hai preparato. Non hai gradito olocausti, né sacrifici per il peccato. Allora ho detto ecco io vengo – poiché di me sta scritto nel rotolo del libro – per fare la tua volontà" (Fil 2,8).*

---

[20] M. HERRAIZ, "Amicizia", 89.

[21] S. GALILEA, *l'Amicizia di Dio. Il cristianesimo come amicizia*, Paoline, Cinisello Balsamo (MI) 1989, 15.

Nel progetto di svuotamento (Kenosis) che il Figlio accoglie e realizza senza riserve:

*"Umiliò se stesso facendosi obbediente fino alla morte e alla morte di croce" (Fil 2,8),*

si realizza in pienezza il passaggio della gloria del Padre:

*"Per questo Dio lo ha esaltato e gli ha dato il nome che è al di sopra di ogni altro nome" (Fil 2,9).*

Con profonda genialità von Balthasar esprime il dinamismo kenotico di Gesù in questi termini: "Solo ciò che Dio plasma, nella povertà e nell'abbandono della passione e della resurrezione, con il destino di Gesù affidato alle sue mani, fa sì che la parola sprofondata nella carne diventi davvero la parola che era al principio presso Dio e che in quanto Parola – Alfa, ora deve essere anche la Parola – Omega che porta a compimento la creazione".[22]

Tutte le vicende della sua esistenza, i discorsi, i miracoli e le sue azioni culminanti nell'ora suprema della passione e della morte, ci mostrano un Gesù a cui non interessa dichiararsi Figlio di Dio, quanto dimostrarlo con la sua condotta. La sua opzione fondamentale continuamente rinnovata nel portare avanti la missione salvifica del Padre nella sua condizione di uomo, ha determinato la sua vittoria sul peccato e la morte, nonostante il demonio continuasse a minacciarlo sino alla fine con la sofferenza, il dolore e l'impotenza. "Gesù ha vissuto la sua vocazione come un carico pesante portato in estrema solitudine. Egli fu del tutto solo, e gli stesi discepoli che pure l'amavano a modo loro, furono per lui un peso in più. Marco lo ha sottolineato riferendoci l'umanissimo sfogo di Gesù dinanzi all'incomprensione: "O

[22] H. U. von BALTHASAR, *Gloria (Herrlichkeit)*, VI, Jaka Book, Milano 1976, 149.

generazione incredula! Fino a quando starò con voi? Fino a quando dovrò sopportarvi?" (Mc 9,19).[23]

Questo progetto d'amore, che il Padre affida al Figlio e portato da Lui a compimento, ha come destinatario l'uomo, chiamato ad entrare nel mistero della passione – obbedienza del Figlio, perché solo in questo dinamismo risiede la sua speranza di salvezza. Ecco che in Gesù, l'opzione fondamentale si dilata in una prospettiva orizzontale e riguarda l'uomo che deve essere raggiunto e redento nella sua condizione di caduta e di morte. Il Cristo è il pontefice, colui che tende una passerella tra la sua pienezza e la piccolezza della natura umana. Per raggiungere l'uomo il Verbo incarnato assume tutti i sentimenti della natura umana, tra i quali spicca l'amicizia attraverso la quale, rapportandosi con l'uomo, riesce a far conoscere l'amore che Dio nutre da sempre nei suoi confronti.[24]

"Certamente, l'unità della sua persona impedirà di separare con il coltello ciò che è di Cristo, di Dio e ciò che è dell'uomo. Le sue tenerezze e i suoi amori saranno sempre quelli di un Dio. Deve tuttavia essere possibile svincolare, nelle sue parole e nei suoi atteggiamenti, nei suoi sguardi e nelle sue attrattive, i movimenti che non possono essere attribuiti alla sua divinità perché simili ai nostri (eccetto il peccato) e si agganciano per loro natura alla sua umanità".[25]

---

[23] B. MORICONI, *Gesù figlio di Dio nell'obbedienza*, in AA. VV., *Gesù incontra l'uomo*, Teresianum, Roma 1984, 118.

[24] Cfr. C. WIENER, "Amico", in *Dizionario di Teologia biblica* (edd. X. L. DUFOUR – J. DUPLACY – A. G. P. GRELOT – J. GUILLET – M. LANCAN), Marietti, Genova 1999, 42 – 43.

[25] E. BOUET, *L'Amicizia questa accusata*, Cittadella, Assisi 1971, 57.

## II.4.: L'AMICIZIA SPIRITUALE DI CRISTO VISSUTA IN PIENEZZA

Uno degli aspetti più evidenti della personalità di Gesù è che egli non si presenta come un asceta austero che dal rigore della sua grotta nel deserto indica agli uomini la via della salvezza, né come un sommo sacerdote, custode della Legge e delle tradizioni cultuali e legato allo spazio sacro del tempio da cui non vuole allontanarsi. Al contrario, Gesù entra nello spazio esistenziale e nel vissuto sociale degli uomini: è l'uomo della strada che attraversa i villaggi e le città per annunciare la buona novella del Regno, si circonda di discepoli uomini e donne con cui intesse relazioni di profonda amicizia, non è un solitario ma gli piace condividere le esigenze del vivere quotidiano.

### II.4.1.: ANALISI DELL'AMICIZIA VISSUTA DA GESU'.

Le modalità attraverso le quali Gesù vive le sue relazioni d'amicizia, costituiscono il modello paradigmatico a cui l'uomo deve ispirarsi per vivere in pienezza le proprie relazioni.

La prima caratteristica è la preferenza di Gesù per il *modello orizzontale* di amicizia in cui prevale l'uguaglianza, la condivisione e la fraternità. Gesù dimostra nel suo modo di relazionarsi che, la ricchezza e la profondità di una relazione scaturisce quando ciascuno dei soggetti che vivono l'amicizia, fa percepire all'altro, abbassandosi, il valore della sua soggettività: "I capi delle nazioni dominano su di esse e i grandi esercitano su di esse il potere. Non così dovrà essere tra voi; ma colui che vorrà diventare grande fra voi si farà vostro schiavo" (Mt 20,25 – 27).

La seconda caratteristica è l'*autenticità*. Spesso nelle relazioni umane, il dialogo e il confronto amichevole non si realizza perché la comunicazione non è autentica; l'uomo che entra in relazione d'amicizia con il suo simile è tentato a non svelare la sua intimità, perché sempre frammista a esperienze frustanti e negative che si vorrebbe rimuovere; si preferisce costruirsi e calarsi in un'immagine perbenista, presentandosi in modo diverso da quello che si è realmente. Gesù, accogliendo ogni persona che gli manifesta la volontà di una relazione e sospendendo ogni giudizio morale, dimostra quanto sia fondamentale che ciascuno impari a presentarsi per quello che è veramente, abbandonando tutti quei meccanismi di difesa che falsificano la verità della propria interiorità, e adoperarsi per mettere sempre più in risalto tutta la ricchezza delle qualità umane e spirituali che risiedono in ogni essere umano.

Una terza qualità è l'*apertura verso tutti*. Nelle relazioni umane, spesso, le amicizie non riescono a instaurarsi o falliscono se iniziate, perché si commette l'errore di etichettare le persone in base a criteri sociali, culturali, religiosi, geografici e sessuali. Tutte queste differenziazioni tendono a sfociare nella chiusura relazionale e nell'isolamento. Al contrario, Gesù proclama, con la sua esperienza che, l'amicizia spirituale deve tendere alla comunione; quando non è tesa verso questo ideale, ma si apre solo a determinate categorie di persone, diventa una realtà incompiuta. La vera comunione, però, non è omologazione o uniformità, ma è la risultante di tutte le diversità liberamente e generosamente assunte, dove nessuno è escluso, neanche le persone che hanno meno possibilità di accedere allo scambio relazionale che invece, sono recuperate come protagoniste e non come semplici spettatrici di un'opera che si compie al di fuori di loro.

Infine, non ultima per importanza, è la caratteristica della *solidarietà* che Gesù vive in pienezza con ogni interlocutore. Luca la evidenzia magistralmente nella descrizione dell'incontro di Gesù con Zaccheo, il peccatore pubblico emarginato per questo. Gesù sfronda le difficoltà della relazione, leggendo con verità il gesto del suo interlocutore che corre per salire su un albero per vederlo essendo piccolo di statura e a cui Gesù risponde autoinvitandosi alla sua mensa. La relazione che il Maestro pone in essere non tende tanto a dire, o peggio, a pronunciare giudizi morali o soluzioni etiche, quanto ad ascoltare sinceramente e a instaurare un clima di familiarità, attenzione e vicinanza. Si crea così quel clima spirituale che permette il fluire naturale, silenzioso del messaggio evangelico senza imposizioni o forzature. Nella stima e nella fiducia che Gesù gli dona, Zaccheo impara a leggere dentro di sé, scopre le sue interruzioni nella carità e nella fraternità, riconosce i propri errori e i propri egoismi. Il punto di forza della solidarietà è la relazione con la comunità umana; essa non si limita a provocare relazioni affettive interpersonali, ma tende a superare il rapporto io – tu aprendolo alla relazione con gli altri e il mondo. Gesù affronta il problema dell'individuo considerandolo all'interno delle strutture sociali in cui è inserito. Concretamente la solidarietà di Gesù si esprime nel liberare l'uomo da tutte quelle strutture e imposizioni sociali, politiche, economiche e culturali che spesso lo opprimono, alienano e sfruttano.[26]

I racconti evangelici, dimostrano l'autenticità delle teorie psicologiche sul dinamismo delle relazioni d'amicizia. Come avviene per ogni uomo, anche Gesù non ha potuto vivere le sue relazioni affettive con lo stesso grado di intensità e profondità con tutti coloro con i quali è entrato in dialogo, in quanto avendo assunta la natura umana realmente, ha dovuto sottostare alle limitazioni che impone. Inoltre, un aspetto fondamentale della personalità di Gesù, è che nelle relazioni interpersonali, non solo offriva a piene mani la sua amicizia, ma ne aveva anche bisogno: l'esperienza di solitudine spesso registrata dagli evangelisti, svela il bisogno umano di legami affettivi forti, soprattutto nei momenti più dolorosi e difficili che si possono vivere; nell'ora suprema della passione, Gesù cercò l'appoggio e l'amicizia dei discepoli più intimi, tanto da farsi accompagnare nell'orto dei Getsemani pregandoli di confortarlo con l'offerta della loro preghiera. Quando trovò i discepoli addormentati, Gesù in preda a una profonda tristezza e solitudine, li rimproverò per aver saputo mostrare la loro amicizia in quella circostanza così difficile per la sua vita.

Gesù sperimentò pure la delusione per delle amicizie non giunte a buon fine, a parte la controversa relazione con l'apostolo Giuda Iscariota, cui va dedicata una trattazione a parte, è eloquente l'incontro con il giovane ricco. Di lui non si menziona il nome, ma si descrivono le sue attitudini: ha un grande desiderio di seguire il Maestro che lo ha affascinato, ha buone disposizioni nel compiere la legge divina e

[26] Cfr. F. LAMBIASI – G. TANGORRA, *Gesù Cristo comunicatore. Cristologia e comunicazione*, Paoline, Milano 1997, 143 – 149.

conduce una vita morale irreprensibile; attitudini che attirano la benevolenza di Gesù facendolo profondamente affezionare. Ma quando gli propone un grado di amicizia più intenso e intimo con la richiesta di seguirlo in modo radicale; il giovane privo di coraggio preferisce allontanarsi anche se tristemente, lasciando sicuramente più amareggiato Gesù per la sua proposta salvifica caduta nel vuoto.[27]

### II.4.2.: GRADUALITA' DELL'AMICIZIA IN GESU'.

Dai racconti evangelici emerge chiaramente come Gesù non solo non è venuto in questo mondo per condannare l'amicizia ma, al contrario, è venuto per santificarla e renderla possibile autenticandola con il suo stesso esempio, in lui infatti più che le manifestazioni esterne di una amicizia umana, si colgono gli slanci generosi di un amore soprannaturale che proviene da Dio.

Essendo la perfetta comunione con la volontà del Padre, la sua perfetta identificazione con lui, il primo valore fondamentale della personalità di Gesù; l'amore di Gesù per il Padre è la chiave di lettura per comprendere tutti gli altri valori della sua vita e la fedeltà e l'amore che in essi ha trasfuso, di cui l'amicizia occupa un posto preminente. Egli vive tutte le sue relazioni d'amicizia infondendo nella dimensione puramente affettiva e umana della philia, quell'amore soprannaturale che risiede nel cuore di Dio, che è l'agape.[28]

Ogni relazione che il Figlio vive diventa il luogo per mostrare al mondo la volontà salvifica di Dio nei riguardi di ogni essere umano, attraverso una dinamica di crescita graduale che si esprime in diverse modalità. Ciò è espresso in maniera chiarissima nell'episodio della resurrezione dell'amico Lazzaro in cui il miracolo realizzato è la conclusione di tutta una pedagogia mirante a far prendere coscienza ai discepoli il suo ruolo salvifico. L'evangelista Giovanni narra dell'arrivo di un messaggero da Betania per informare il Maestro della grave malattia in cui versa

[27] S. GALILEA, *L'Amicizia di Dio. Il cristianesimo come amicizia*, 17 – 18.
[28] E. M. GENTILI, "Amore e Amicizia", in *Dizionario Enciclopedico di Teologia Morale* (ed. L. ROSSI – A. VALSECCHI), Paoline, Roma 1973, 30.

l'amico a lui tanto caro. Gesù saputa la notizia, stranamente non si reca prontamente verso il capezzale di Lazzaro a Betania, ma decide di allontanarsi per recarsi di nuovo a Gerusalemme dove i giudei avevano cercato di lapidarlo qualche giorno prima. Dopo alcuni giorni, Gesù informa i discepoli della decisione di ritornare a Betania e inspiegabilmente dà loro questo annunzio: "Il nostro amico Lazzaro si è addormentato ma io vado a svegliarlo" (Gv 11, 14-15). Sembra quasi che Gesù sia contento di questa triste circostanza, perché in lui risiede la certezza che con il miracolo che si appresta ad operare, riuscirà a rafforzare la fede dei suoi discepoli nell'imminenza del suo arresto. L'esperienza della resurrezione di Lazzaro costituirà per loro un memoriale che li sosterrà nelle tragiche circostanze della passione e morte del Maestro in cui avevano riposto tutta la loro speranza di redenzione. Gesù si dirige decisamente verso Gerusalemme per il compimento della sua ora di salvezza, passando prima da Betania, rischiando la vita per un solo uomo: il suo amato amico; lui che già ha donato quella vita per la salvezza di tutti gli uomini suoi amati amici. Se Cristo avesse seguito l'impulso del suo cuore di carne, si sarebbe precipitato al capezzale dell'amico Lazzaro per evitargli i tormenti dell'agonia, per risparmiare alle sorelle Marta e Maria lo spettacolo doloroso della morte di una persona cara, la sua sepoltura e la solitudine che resta nel profondo del cuore. Ma Gesù ama Lazzaro in un modo particolarissimo, lo ama prima di tutto nell'orizzonte di Dio, a gloria sua; tramite quella morte e quella resurrezione il nome di Dio verrà sempre più magnificato ed esaltato. Il sentimento, l'affetto, l'amore per l'amico non impediscono a Gesù di realizzare la volontà di Dio anche se con una profonda sofferenza manifestata dallo sfogo delle lacrime che versa alla vista del sepolcro di Lazzaro. Dovunque si proclamerà il vangelo, si parlerà anche di quelle lacrime che Gesù versò per amicizia.[29]

E' soprattutto nella scelta e nell'elezione degli apostoli che in Gesù si esprime la sua opzione fondamentale del progetto salvifico di Dio che deve attuarsi secondo modalità concrete anche attraverso il coinvolgimento di determinate persone

[29] E. B. DUFEIL – J. M. DUFEIL, *L'Amicizia nell'evangelo*, in R. COMTE, J. LACROIX e AA.VV., *L'avventura dell'amicizia*, Ed. Qiqajon. Comunità di Bose, Magnano (BI) 2007, 46 – 48.

chiamate a vivere una relazione d'amicizia del tutto particolare con Gesù. E' paradigmatico, in questo senso, l'atteggiamento di Gesù descritto da Luca, che si ritira nella solitudine a pregare prima di dare inizio alla chiamata e all'elezione di coloro che saranno costituiti apostoli. La chiamata degli apostoli coincide con la chiamata a vivere una relazione d'amicizia più intima e intensa e che trova il suo fondamento non in una scelta dettata dalle dinamiche naturali della simpatia o dell'attrazione, ma in una volontà eterna concepita nel cuore di Dio padre e che nella pienezza dei tempi si va progressivamente disvelando nelle scelte, nelle parole e nelle azioni del Verbo fatto uomo. La relazione d'amicizia instaurata da Gesù con gli apostoli è un'intimità di tipo spirituale che ha non solo il fine di arricchire nella carità e nella mutua edificazione i singoli soggetti della relazione, ma si apre a una dimensione missionaria. L'aver conosciuto la Verità e l'aver compreso che in Gesù si realizza la salvezza dell'umanità è il tesoro, la buona notizia che non può essere gelosamente custodita ma deve essere annunziata con vigore a tutti gli uomini fino agli estremi confini della terra. Gesù prepara i suoi apostoli a questa missione, facendo loro vivere una relazione d'amicizia in continua progressione. Il vangelo di Giovanni ci descrive, come del resto accade in moltissime amicizie umane, come la conoscenza di Andrea e Giovanni con Gesù avviene per circostanze apparentemente fortuite. Essi sono venuti dalla Galilea a Gerico per ascoltare il Battista che predica la conversione e amministra un battesimo di penitenza nell'acqua. Essi sono presenti nel momento dell'incontro tra Giovanni e Gesù quando il precursore lo indica solennemente come l'eletto di Dio; Andrea e Giovanni lasciano il Battista e seguono Gesù forse per approfondire la conoscenza di un uomo così misterioso ma spiritualmente tanto attraente. Si intrattengono con lui per tutto il giorno, su suo stesso invito, per cui la sua dimora diventa anche la loro. E' questo il primo passo di un'amicizia nascente da cui si innesca un processo di concatenazioni che apre la relazione ad altri incontri.[30]

[30] Cfr. S. FAUSTI, *Una comunità legge il Vangelo di Luca*, EDB, Bologna 1994, 161 – 162.

Andrea corre ad annunziare la presenza del Messia al fratello Simone, anch'egli profondamente colpito dalla predicazione del Battista e glielo conduce. Gesù fissandolo lo lega a sé mutandogli il nome in Cefa che vuol dire Pietro. A poco a poco il gruppo dei Dodici si trova costituito. Sono tutte persone comuni e semplici, non brillano per capacità intellettive o culturali, sono in maggior parte pescatori, sicuramente tutti peccatori; ma tutti in attesa di un grande cambiamento e per questo disponibili alla sequela.

"A loro sarà affidato il grande compito storico di fare il passo dalla promessa al compimento, da Israele alla chiesa, dal giudaismo al cristianesimo, dalla legge al Vangelo da annunciare a tutte le genti. Noi avremmo affidato tali compiti religiosi, con enormi implicanmze teologico – filosofiche di inculturazione, a gente meno sprovveduta. Ma Dio non guarda ciò che guarda l'uomo: l'apparenza".[31]

La formazione del collegio apostolico risiede nella volontà fondazionale di Dio che Gesù legge, comprende e realizza. Un progetto originario e fontale a cui Gesù si mantiene fedele nonostante le innumerevoli prove d'infedeltà e tradimento sperimentate nello sviluppo della relazione d'amicizia con loro. Due sono le circostanze paradigmatiche:

la prima, quando Gesù deve scegliere fra i Dodici colui che ricoprirà il ruolo di fondamento visibile della chiesa destinata a perpetuare nel tempo e tra le genti la salvezza realizzata dal suo mistero pasquale. Egli si lascia guidare dalla volontà del Padre che riconosce nella risposta suggerita a Pietro dallo Spirito santo alla domanda rivolta ai discepoli sulla sua vera identità. Se in quella solenne circostanza, Gesù si fosse lasciato guidare dalla sua sensibilità umana, avrebbe affidato tale compito sicuramente a Giovanni, il discepolo prediletto; si rimette invece, alla decisione eterna del Padre a cui rimarrà fedele, confermandola, anche nella circostanza dolorosa della passione quando Pietro consumerà il suo triplice rinnegamento e soprattutto sotto la croce quando avvertirà un profondo rammarico per l'assenza di

[31] *Ibidem*, 62.

colui che è stato costituito roccia su cui poggia la chiesa appena scaturita dal suo costato squarciato. L'infinita misericordia di Dio, che Pietro sperimenta nella profondità del suo peccato gioverà di più all'edificazione della chiesa della stessa fedeltà eroica di Giovanni, perché non verrà mai meno nei secoli la testimonianza dell'amore misericordioso che riesce a superare la portata di qualunque peccato.

La seconda riguarda l'elezione di Giuda Iscariota, da non interpretare nell'ottica della moderna disquisizione gnostica legata al ritrovamento del cosiddetto vangelo di Giuda, dal quale emergerebbe come il suo tradimento risieda nella volontà di Dio che Gesù stimola a realizzarsi il più presto possibile, per poter avvenire l'evento della salvezza. Per Gesù, l'atto di elezione di Giuda rimarrà sempre immutato nonostante l'indurimento del cuore dell'apostolo che sicuramente avrà messo in moto nella sensibilità di Gesù tutte l attenzioni più particolari, i colloqui più convincenti, insomma una pedagogia di chiarificazione del suo messaggio e della sua missione salvifica, per riportare Giuda all'accoglienza e alla comprensione di un dono così grande. Al pari degli altri apostoli, egli è presente nel Cenacolo quando Gesù istituisce l'Eucarestia, mangia quel pane spezzato e quel vino offerto, segni sacramentali del suo sacrificio sulla croce. Apre la bocca, ma non il cuore all'accoglienza di quell'amore rigenerante e per questo si auto esclude dalla redenzione. Ma è da notare, "contro facili rimozioni, che Giuda è sempre ricordato come uno dei Dodici. Contro la tentazione di cancellarlo dalla lista, è quasi il suo cognome riservato a lui! Questo sta a dimostrare due cose. Primo: l'amore e la chiamata di Dio sono irrevocabili, per lui, come per Israele e per tutti! Secondo: la struttura portante della chiesa è intrinsecamente zoppicante fin dal principio, sempre aperta al tradimento e al rifiuto del Signore. Giuda e Pietro ne sono le figure emblematiche. In questo il nuovo Israele non è diverso dal primo. E' figura di ogni uomo".

## II.5.: ESEMPI DI AMICIZIE SPIRITUALI EDIFICANTI

L'Analisi di come l'Opzione fondamentale di Gesù nel realizzare fino in fondo la volontà del Padre, costituisca la fonte originaria e il contenuto autentico di tutte le sue relazioni umane; fa si che essa diventi al tempo stesso il modello perfetto offerto agli uomini per vivere l'amicizia spirituale in modo autenticamente gratificante. In questo terzo capitolo, mi propongo di dimostrare la verità e la concretezza di questo presupposto attraverso l'approfondimento di alcune relazioni umane vissute in pienezza perché modellate sulla scelta di fondo di aderire alla volontà di Dio, letta, compresa e attuata all'interno delle dinamiche affettive dell'amicizia.

In particolare mi riferisco all'amicizia tra S. Benedetto e S. Scolastica e quella riguardante S. Gregorio di Nazianzo e S. Basilio di Cesarea.

### II.5.1.: BENEDETTO E SCOLASTICA.

Benedetto e Scolastica nacquero intorno al 480 a Norcia, una ridente cittadina incastonata in una valle dei monti Sibillini in Umbria, da una famiglia della piccola nobiltà provinciale imparentata quasi certamente con la nobile famiglia romana degli Anici cui apparteneva il filosofo Boezio. Il padre si chiamava Eutropio, la madre Abbondanza e la nutrice Cirilla; erano proprietari terrieri, abitavano in una bella villa in campagna, vivevano nell'agiatezza con servitù e coloni dediti alla coltivazione dei campi. La famiglia era di sane tradizioni cristiane. La madre non sopravvisse al parto gemellare e la nutrice fece suo, con amore e dedizione, il ruolo di madre. Benedetto e Scolastica nati insieme, vissero un'esistenza tesa al raggiungimento della santità, attraverso un comune e radicale cammino di fede e di ascesi scandito da poco frequenti ma intensi incontri personali attraverso i quali potevano verificare il progresso spirituale e formulare nuovi e più arditi propositi di perfezione. Ci troviamo di fronte al caso di un'Opzione fondamentale verso Dio decisa in tenera età e all'unisono da due personalità che rimarranno sempre legate da un affetto simbiotico indissolubile destinato a produrre i suoi effetti anche nella vita spirituale di entrambi; morirono a Montecassino a pochi giorni di distanza l'uno dall'altra, dopo aver raggiunto l'ideale di santità che si erano proposti e furono sepolti nella stessa tomba come segno perenne di un legame profondo e purissimo realizzato in vita.

Scolastica, secondo l'usanza del tempo, fu subito consacrata a Dio nella castità; Benedetto si distingueva per il suo carattere inflessibile e severo che lasciava trasparire una brillante intelligenza. I due giovani crescendo, ricevettero i primi rudimenti di un'educazione intellettuale grazie alla presenza di un istitutore privato che insegnò loro a leggere, a scrivere, le prime nozioni della matematica, della storia e della geografia. L'insegnamento dei principi fondamentali del cristianesimo fu curato sicuramente da un sacerdote se non addirittura da un monaco, in particolare le verità di fede, i principi della morale cristiana, la lettura e l'apprendimento a memoria dei passi più edificanti della Antico e Nuovo Testamento. Successivamente il padre decise di far proseguire gli studi superiori al figlio inviandolo a Roma; la sorella continuò a percorrere quel cammino di perfezione in modo definitivo prendendo i voti in qualche monastero dell'Umbria non lontano dalla casa paterna a Norcia, sicuramente non di stretta clausura se ritroviamo Scolastica fondatrice di un monastero nelle vicinanze di Montecassino dove risiedeva il fratello. [32]

Le vicende biografiche e il cammino di santità intrapreso da Benedetto dopo essere rimasto deluso dalla vita immorale e goliardica degli studenti romani, è descritto in modo magistrale nel libro II de: "I Dialoghi", un'opera scritta dal papa S. Gregorio Magno per un pubblico vasto e popolare, che ebbe una immensa fortuna nel Medioevo tanto da essere diffuso in tutti i paesi dell'Occidente fino alla Spagna e all'Inghilterra e nel mondo arabo, bizantino e slavo. In un contesto di grande decadenza e insicurezza politica legato alle continue cruente invasioni dei Goti e dei Longobardi e a un tragico susseguirsi di carestie, pestilenze e terremoti; la santità dei Benedetto brilla come la lucerna descritta nei vangeli, sul candelabro per infondere luce e speranza a una generazione priva di ogni prospettiva per il futuro. Tanti sono i fattori che hanno determinato in Benedetto il raggiungimento della perfezione, a parte

[32] Cfr. A. PAMPARANA, *Benedetto. Padre di molti popoli*, Ancora, Milano 2006, 32 – 43.

i tesori della grazia divina che hanno trovato in lui un terreno fertilissimo nella disposizione all'accoglienza; tra questi ha sicuramente contribuito lo strettissimo legame con la sorella, che da legame affettivo profondo basato sulla consanguineità, i due hanno saputo elevare, trasfigurandolo, in una relazione spirituale profondamente trasformante ed esaltante: una esperienza in cui poter leggere le mozioni più profonde di perfezione suscitate dallo Spirito santo, in cui poter sperimentare i propri limiti, in cui ciascuno può offrirsi all'altro come modello e guida per una conoscenza sempre più profonda della verità che è Dio.

Nei Dialoghi, Gregorio non ci racconta nulla dell'itinerario di crescita spirituale di Scolastica all'interno della vita monastica, la Tradizione la riconosce come fondatrice del ramo femminile dell'Ordine benedettino; verso la fine della sua vita sarebbe vissuta nella valle Primarola in un monastero relativamente vicino a quello di Montecassino dove Benedetto era abate. Una volta l'anno veniva raggiunta, in un casolare a metà strada tra i due monasteri, dal fratello Benedetto per una visita che si protraeva una giornata intera, trascorsa in un intenso dialogo spirituale a confrontare le proprie idee sulla vita monastica, le esperienze spirituali e i doni di grazia personalmente vissuti e forse scambiandosi pure le notizie di quello che accadeva nel mondo. L'eccezione dell'abate a lasciare il proprio monastero anche se per poche ore era possibile perché a differenza di altre legislazioni monastiche, la regola benedettina non prevedeva proibizioni al mantenimento dei rapporti familiari. Gregorio ci descrive la profondità e la bellezza di questa amicizia che legava i loro spiriti. Alla luce della comune scelta radicale a seguire Cristo, ciascuno non era per l'altro solo il gemello oggetto di un profondo e intenso amore, ma per il fatto di condividere la stessa vita dedicata alla preghiera e alla contemplazione, ciascuno provava per l'altro una vicendevole ammirazione per il grado di perfezione che ognuno vedeva incarnato nell'altro e consideravano la preghiera il momento più forte e intenso della loro relazione, quando potevano cantare insieme le lodi di Dio.

*"Un certo giorno [...] quando già stava per annottare, cenarono insieme. Sedevano ancora a tavola e, mentre parlavano di argomenti spirituali, l'ora si faceva*

*sempre più tarda; allora la sorella lo pregò dicendo: «Non te ne andare questa notte, ti prego, in modo che fino a giorno possiamo parlare delle gioie della vita celeste».*

*Ma Benedetto le rispose: «Che dici mai, sorella? Non ci è assolutamente permesso restare fuori dal monastero». Il cielo era tutto sereno, senza che si vedesse una nuvola. Allora la monaca, sentito il diniego del fratello, pose sulla tavola le mani con le dita intrecciate e abbassò il capo tra le mani per pregare il Signore onnipotente. Quando lo sollevò dalla tavola, scoppiò un improvviso temporale, con lampi e tuoni e pioggia in abbondanza, tale che né Benedetto né i suoi fratelli ebbero la possibilità di fare un solo passo fuori dall'abitazione dove si erano fermati. In effetti, quando la monaca aveva reclinato il capo tra le mani, aveva versato sulla tavola lacrime in gran quantità, che avevano trasformato in pioggia la serenità del cielo.*

*[...] Allora l'uomo di Dio, vedendo che tra tuoni e fulmini e grande pioggia non gli era possibile tornare al monastero, tutto triste cominciò a lamentarsi: «Ti perdoni Dio onnipotente, sorella. Che cosa mai hai fatto?». E quella: «Ti ho pregato e non mi hai voluto dare ascolto; ho pregato il mio Signore e mi ha ascoltato. Perciò ora, se ti riesce, esci. Congedami e torna al monastero». Ma Benedetto non poté uscire da quella casa: non aveva voluto rimanere in quel luogo spontaneamente e vi rimase perché costretto; e così vegliarono tutta la notte e si confortarono vicendevolmente scambiandosi discorsi di vita spirituale. Per questo che Benedetto aveva voluto qualcosa senza poterla ottenere, perché se guardiamo all'intenzione di quell'uomo venerabile, non c'è dubbio che egli abbia desiderato che continuasse il bel tempo col quale era venuto.*

*Ma contro la sua volontà la potenza di Dio lo mise di fronte a un miracolo operato dal cuore di una donna. Non c'è da stupirsi che in quella circostanza abbia potuto più di lui quella donna che da lungo tempo desiderava vedere il fratello. Dato che, come dice Giovanni, Dio è amore, per questo giusto giudizio poté di più colei che amo di più."*[33]

L'episodio narrato ne "I Dialoghi" in riferimento all'ultimo incontro da loro vissuto prima della morte della sorella, è paradigmatico per cogliere come attraverso l'esperienza di questa relazione spirituale autenticamente vissuta alla luce del vangelo, Benedetto, gigante nella santità, padre del monachesimo occidentale, riesca a cogliere e comprendere profondamente quel primato che la carità riveste nella vita spirituale rispetto a ogni pur lecito precetto morale, in quel caso rappresentato dall'osservanza letterale della regola, così come attesta la Scrittura:

*"Pieno compimento della legge è l'amore." (Rm 13,10);*

una scoperta che gli viene svelata dal cuore dilatato dall'amore per Dio e gli uomini quale è quello di Scolastica. Avrà contribuito non poco questa circostanza, a indurre Benedetto a concepire il suo modello monastico non più come ambiente preparatorio per formare dei santi anacoreti, come avveniva in Oriente, ma come comunità fraterne in cui devono essere valorizzate le relazioni fraterne attorno alla figura carismatica dell'abate presento non tanto come un padre a cui gli antichi eremiti accorrevano per accoglierne gli insegnamenti, ma piuttosto come un maestro garante di una concezione monastica intesa come scuola del servizio divino. "Nelle regole benedettine la dimensione comunitaria è presente come luogo privilegiato in cui i discepoli, lottando per le virtù, sono obbligati ad amarsi vicendevolmente per meglio vivere il servizio a Dio. Venir meno a questa reciprocità di amore verso i fratelli voleva dire venir meno all'amore verso Dio e quindi infrangere la regola fondamentale della comunità benedettina, quella cioè del servizio divino attraverso la dedizione ai fratelli.[34]

---

[33] GREGORIO MAGNO, Storie di Santi e di diavoli, I, (cur. S. PRICOCO – M. SIMONETTI), Fondazione Lorenzo Valla/Mondadori, Milano 2005, 201 – 203.

[34] G. CREA, *Diagnosi dei conflitti interpersonali nelle comunità e nei gruppi*, EDB, Bologna 2006, 28 – 29.

## II.5.2.: GREGORIO DI NAZIANZO E BASILIO DI CESAREA.

L'intima amicizia che legò i due vescovi, stretta al tempo della loro giovinezza a Cesarea mentre si dedicavano ad approfondire e concludere il ciclo degli studi superiori; è eloquente per descrivere il doloroso cammino che Gregorio dovette affrontare per mantenersi fedele a un progetto di Dio che gli veniva rivelato da una decisione inamovibile del padre, all'inizio non accettata pienamente e fonte di un profondo e intimo contrasto anche nei riguardi dell'amico tanto amato Basilio: si trattava della chiamata all'episcopato.

Gregorio detto Nazianzeno, dal nome della città in cui il padre e dopo lui stesso, furono vescovi, nacque ad Arianzo nel 330; percorse interamente il ciclo degli studi classici passando da Nazianzo a Cesarea di Cappadocia dove conobbe Basilio, frequentò le scuole di Cesarea di Palestina, Alessandria e infine Atene dove si riunì con Basilio. Gregorio fu l'immagine vivente dell'autentico filosofo, di colui che si dedica ad approfondire gli studi per puro amore alla sapienza e con la decisa volontà di mettere al servizio della fede cristiana, la cultura greca in cui intravede la bellezza di una verità che è irradiazione del Logos divino. Nel trattato "La fuga" da lui composta, si conosce il nome dei suoi genitori: Gregorio il vecchio e Nonna; il padre, che fu inizialmente seguace di una setta etnico – ebraica che adorava il Dio altissimo de quale era vietata ogni rappresentazione, ricevette il battesimo in tarda età, convertito dalla moglie fervente cristiana. Anche se giunse tardi ad abbracciare la fede in Cristo, fu un uomo di grande erudizione con una notevole grandezza d'animo; non aveva alcun interesse per gli onori, era prodigo nel dispensare le elemosine insieme alla moglie. Il giovane Gregorio sin dalla più tenera età, sentì molto forte la vocazione alla vita ascetica che cerco di realizzare ritirandosi ad Annesi, un villaggio alle sponde dell'Iris nel Ponto, dove si dedicò alla meditazione della Sacra Scrittura e a una vita di mortificazione e preghiera.

Era ormai sicuro che in quel luogo avrebbe potuto adempiere la promessa di dedicarsi radicalmente a Dio, ma il padre, conoscendo la profondità culturale e la levatura morale del figlio, lo richiamò a Nazianzo per eleggerlo suo coadiutore nel governo della diocesi: lo consacrò sacerdote malgrado la ferma riluttanza del figlio. Gregorio, convinto della sua indegnità e persuaso di non avere il carisma e la preparazione dottrinale necessari per svolgere il ministero sacerdotale, fuggì presso l'amico Basilio con la convinzione di trovare conferma ai suoi timori e alla volontà di sottrarsi agli impegni che il ministero ricevuto comportava; l'amico amatissimo che aveva raccolto in gioventù, le sue confidenze nel voler intraprendere la vocazione radicale alla vita ascetica, lo avrebbe dato sicuramente ragione dell'insofferenza provata nei confronti di un padre che con violenza aveva imposto una scelta di vita mai presa in considerazione.

E' in questa circostanza che si schiudono le profonde ricchezze di un'amicizia autenticamente vissuta nell'ottica dell'Opzione fondamentale: la ricerca della volontà di Dio capace di trasmettere l'autentica felicità. Basilio diventa per l'amico quella luce spirituale, quella guida sapiente e sicura che rivela all'animo di Gregorio, così tormentato dal dubbio e dall'incertezza, quale sia l'autentico progetto salvifico che egli deve accogliere e portare a compimento. Un ruolo di accompagnamento spirituale che Basilio porta aventi nei confronti dell'intimo amico in assoluta fedeltà al Signore e mai subordinato all'intensità di quel sentimento che lo avrebbe naturalmente portato ad assecondarne gli stati d'animo e le decisioni maturate nell'intimo. Basilio comprende, accoglie e perdona il moto di rabbia e delusione, quasi di tradimento, che Gregorio gli manifesta quando l'amico lo costringe a ritornare a Nazianzo, considerando giuste le preghiere insistenti del padre e dei fedeli concittadini. Solo successivamente Gregorio arriverà a comprendere la motivazione che ha guidato l'amico Basilio: egli non poteva permettere che la brillante eloquenza e la profondità teologica di Gregorio fossero poste nel nascondimento di una vita ascetica invece che al servizio del vangelo e per l'edificazione della chiesa, anche se questo avrebbe potuto richiedere il sacrificio di una relazione d'amicizia. Il non essere stato assecondato da Basilio nel continuare a inseguire i suoi personali progetti spirituali, ha dato origine, nell'animo tormentato di Gregorio, a una serie di reazioni a catena grazie alle quali prende coscienza di quali fossero le autentiche priorità:

- Si rende conto di aver ricevuto un ministero sacerdotale che va esercitato con tutta la serietà, la fedeltà e la docilità che richiede la realizzazione del progetto divino, e che comporta precise responsabilità ministeriali e pastorali.

- Si rende conto che la chiesa di Nazianzo è scombussolata non solo da diatribe teologico – dottrinali, ma soprattutto dal comportamento immorale di molti monaci e preti che allontanano con il loro nefasto esempio molti fedeli dalla pratica religiosa.[35]

Nonostante la ferita, mai completamente rimarginata, che l'amico Basilio ha prodotto nel suo animo non assecondando i suoi ideali di vita ascetica, Gregorio ha scritto di quella profonda relazione, una delle pagine più belle sul valore dell'amicizia:

*"Quando eravamo d'accordo per lo stesso amore per la filosofia, eravamo una cosa sola; gli amori che si nutrono di Dio e che sono temperati sono più duraturi e quando la bellezza si rivela in loro, tanto più lega a sé gli uni gli altri i suoi amanti. Questa è la legge dell'amore che è sopra di noi. Tra i compagni frequentavamo i più assennati e pacifici, ricevendone benefici".*[36]

Sarà poi lo stesso fraterno amico Basilio che successivamente lo consacrerà vescovo di Sarsina, morto poi il padre gli succederà nella cattedra di Nazianzo. E' attraverso questa intensa e sofferta relazione di intima amicizia che Gregorio, rientrato in se stesso, potrà accogliere quel progetto con la stessa totale disponibilità che mosse Maria quando pronunciò il suo *Fiat*:

*"Ma che bisogno c'è di ulteriori discorsi? Eccomi o pastori e colleghi! Eccomi o gregge sacro e degno di Cristo «primo pastore»! eccomi, o padre, vinto in tutto e soggetto secondo le leggi di Cristo più che di quelle esterne. Ecco la mia obbedienza,*

[35] Cfr. GREGORIO NAZIANZENO, *La Fuga e Autobiografia, Collana di testi patristici*, Città Nuova, Roma 1987, 13 – 17.

[36] GREGORIO NAZIANZENO, *Orazione 43 a Basilio*.

*rendimi la benedizione! Conducimi per mano anche tu con le tue preghiere, guidami con la tua parola, confermami con il tuo spirito. «La benedizione del padre consolida la casa dei figli», e possa essere fortificato io e questa«casa spirituale» che io ha scelto e desidero che sia per me riposo nei secoli dei secoli, quando da questa chiesa di qua sarò trasportato a quella di là e all'adunanza festosa dei primogeniti descritti nei cieli"*[37]

[37] GREGORIO NAZIANZENO, *La Fuga e Autobiografia*, 114.

## II.6.: CONCLUSIONE

L'analisi delle dinamiche che regolano un'autentica amicizia spirituale lette alla luce dell'Opzione fondamentale, ha messo in evidenza alcuni punti fermi che è utile sintetizzare:

- L'Opzione fondamentale decisa dall'individuo nell'aderire fermamente ai valori morali descritti nella Bibbia determina nel vissuto delle relazioni interpersonali, come conseguenza, che la realtà umana dell'amicizia è strettamente collegata all'alleanza d'amore che lega indissolubilmente Dio e l'uomo. L'amico per essere un autentico sostegno fermo, un alleato fedele e una guida sicura, nella misura in cui è pienamente radicato in Dio che, essendo fedele per essenza, non viene mai meno al suo patto d'amore. Un patto che ha come beneficiario l'uomo e la sua piena realizzazione, un patto che si disvela come progetto di salvezza offerto per essere accolto e perseguito; in quest'ottica l'amicizia spirituale costituisce un canale privilegiato che Dio mette a disposizione per leggere e comprendere il contenuto della sua volontà.

- Il Nuovo Testamento presentando Cristo come l'amico eterno che attira a sé ogni uomo disponibile ad aprirsi, nella fede e nell'amore al suo influsso per comunicargli la salvezza; è tuttavia lontano dal voler assorbire per sé tutto l'amore degli uomini che dovunque è amore vero anche se inconsapevolmente, da lui ne attinge la linfa vivificante. Gesù, non solo non si è incarnato per condannare l'amicizia, ma per santificarla e renderla possibile autenticandola con il suo stesso esempio, anche se il lui più che le manifestazioni esterne di un amicizia umana, si scorgono gli slanci amorosi di un amore soprannaturale che scaturisce dal cuore di Dio.

- L'amicizia spirituale autentica è quella che ha trovato il suo punto di partenza in Cristo, che progredisce secondo la sua volontà e che tende all'unione più intima con lui. Solo così essa è destinata a perdurare nel tempo, crescendo in intensità nella comunione interiore degli spiriti; perché da Cristo attinge quella grazia santificante capace di eliminare tutte le pulsioni egoistiche ed egocentriche che se non purificate andranno a deturpare la bellezza dell'amicizia spirituale. Il vero amico è colui che riesce a guidare, con la sua vicinanza affettiva, il suo consiglio sincero e profondo, l'altro ad approfondire la sua relazione d'amore con Cristo e viverla con piena intensità.[38]

In questa prospettiva una particolare importanza riveste l'amicizia spirituale vissuta nell'ambito della vita consacrata. Essa costituisce il luogo privilegiato in cui, attraverso l'esperienza di autentiche e profonde relazioni spirituali, l'uomo può giungere a vivere la pienezza dell'amicizia con Dio, attraverso tutte quelle condizioni, dinamiche e doni di grazia sperimentabili all'interno della chiesa in cui fiorisce e che permettono di realizzare quella tensione alla sequela di Cristo che consiste nell'incarnare i suoi sentimenti e la sua volontà. In questo cammino di assimilazione a cui l'uomo è chiamato, l'orazione da vivere e approfondire con delicatezza, fedeltà e rispetto al pari di una relazione d'amicizia la più intima, occupa un posto preminente in quanto non solo costituisce la condizione fondamentale per il progresso dello spirito ma, rappresenta al tempo stesso il modo più sublime per imitare Gesù nella sua radicale e intima unione con il Padre. La preghiera autenticamente vissuta nella vita consacrata ci incorpora alla preghiera di Cristo e alla sua intima amicizia con il Padre.

L'orazione favorisce l'intima e profonda amicizia con Dio per diversi motivi; innanzitutto perché altro non è che una relazione, un rapporto profondo tra due persone: Dio e se stessi, la vera orazione non è un dialogo interiore con se stessi inteso come riflessione, verifica o introspezione; neppure è un mezzo per entrare in dialogo con un principio divino astratto o una forza superiore ma, una relazione dialogica con un Dio personale, storico e che opera continuamente nella vita degli

[38]E. M. GENTILI, *Amore e amicizia*, 28 – 32.

uomini e nella storia del mondo. Inoltre, il carattere originale ed essenziale dell'orazione è l'amore che, attraverso la sua esperienza fedelmente praticata, è destinato a progredire di intensità e purezza; per cui il valore fondamentale della preghiera non consiste tanto nel formulare concetti o nell'approfondire i misteri della fede ma nell'amare Dio. Infine l'orazione è un rapporto d'amicizia in cui Dio è il protagonista principale. L'esperienza dell'orazione trae la sua origine dall'infinito amore che Egli nutre per l'uomo infinitamente più grande di quell'esile sentimento d'affetto che l'uomo può offrirgli, in coerenza con l'identità del cristianesimo secondo cui è Dio che ama l'uomo per primo, che lo cerca continuamente, lo chiama ripetutamente incondizionatamente e per sempre. Mentre l'uomo si dedica all'orazione, Dio agisce trasformandolo nel suo intimo delicatamente e liberandolo da tutte le sue imperfezioni altalenando momenti di fervore ad altri di aridità.

L'intima unione con Dio a cui la vita consacrata predispone, può essere verificata nella vita del religioso, oltre che dallo spessore di una vita di orazione autenticamente vissuta, anche dalla docilità e prontezza con cui il consacrato vive il consiglio evangelico dell'obbedienza. L'opzione fondamentale verso il bene, tende a trasfigurare il rapporto umano del consacrato al suo superiore da una semplice relazione di sudditanza a una profonda amicizia spirituale avente come fine la comprensione del progetto di Dio nel vissuto concreto della persona, di modo che, accogliendola, possa raggiungere quella perfezione a cui è chiamato. Una comprensione che passa necessariamente attraverso il confronto ragionato e sincero con l'autorità stabilita da Dio stesso e che richiama la necessità di un intimità profonda e di una conoscenza reciproca improntata sulla lealtà e la verità da approfondirsi nel tempo. Il disvelamento della volontà di Dio attraverso le decisioni del superiore, può essere a volte vissuto con sofferenza e intimo contrasto, ma sempre tenendo fisso lo sguardo su Gesù che ha sempre prontamente obbedito al Padre anche quando le sue richieste erano troppo esigenti, radicali e dolorose; con la certa speranza che anche il più piccolo gesto di sacrificio della propria volontà è apportatrice di una smisurata porzione di gloria.

Infine nella vita consacrata, per il fatto che coloro che l'abbracciano, non si scelgono liberamente ma sono chiamati da Dio a crescere nell'amore fraterno, diventa necessario che i confratelli vivano con serietà e slancio le tappe cruciali indispensabili per la crescita di un'amicizia profonda e autentica. La prima di esse è fondamentale e riguarda il momento in cui il religioso o il sacerdote che entra in relazione con i confratelli del proprio istituto o del presbiterio, deve assolutamente passare a realizzare un grado di amicizia più alto e profondo della semplice conoscenza superficiale optando per la realizzazione di un rapporto speciale; successivamente si sperimenteranno i momenti in cui bisogna accettare la sofferenza che la fedeltà all'amicizia comporta incarnando quei dinamismi necessari per mantenerla in vita: il perdono incondizionato, il servizio disinteressato, il sacrificio oblativo e l'invitta costanza. Esigenze necessarie per riuscire a vivere la dimensione più difficile dell'amicizia: la purificazione dagli egoismi che inconsciamente la guidano, dagli inganni che la sostengono e dalle intenzioni nascoste inconfessate.

"La nostra amicizia con Gesù si sviluppa e cresce attraverso un analogo cammino di purificazione. Questo cammino corrisponde, più o meno, alle grandi tappe della conversione cristiana; tappe di morte al male per crescere nella vita nuova che ci arreca la relazione con Gesù: l'esperienza dell'amicizia divina e della fraternità universale. Come ogni prospettiva che coinvolga la spiritualità, il cammino dell'amicizia con Gesù è pasquale: si cresce in essa passando attraverso le <<morti>> della sua progressiva purificazione".[39]

[39] S. GALILEA, *L'Amicizia di Dio. Il cristianesimo come amicizia*, 39-40

# CAPITOLO III

# IL MODELLO MARTIRIALE INCARNATO DA S. AGATA DI CATANIA

"Sono sposata al Verbo divino e ricevo dal Padre,

l'eterna ricchissima corona della incorruttibilità,

trionfante procedo nei secoli,

portando corone intrecciate con gli splendidi e immarcescibili fiori della sapienza,

insieme a Cristo l'arbitro dei premi,

danzo nei cieli intorno al Re che non ha principio né fine"

S. Metodio vescovo, *Simposium decem Virginum*

III.1.: INTRODUZIONE

A differenza del passato, in cui era unanime la considerazione della preziosità del dono del martirio elargito da Dio alle diverse chiese, bisogna prendere atto che nella cultura moderna il martirio trova non solo scarsa ammirazione ma addirittura avversione. I tragici fatto di violenza verificatesi nel mondo a causa di un esasperato fondamentalismo religioso di matrice musulmana amplificati dai media, hanno legato l'esperienza del martirio all'intolleranza: aderire a una religione, credere nelle verità trascendenti proposte e difenderne i contenuti, si traduce automaticamente in prevaricazione e violenza verso chi si dimostra indifferente al tema religioso o lo rifiuta. Sulla scia di tale sentore comune anche nel versante cristiano, un numero sempre crescente di fedeli considerano i martiri vittime di una fede troppo radicale, o quanto meno persone incapaci di mediare perché poco inclini al dialogo e al confronto, di accettare e farsi accettare nel variegato scenario culturale, politico e religioso in cui sono inseriti.

Nell'epoca in cui viviamo tanto relativista, risulta quanto mai urgente riproporre con chiarezza la verità che l'esperienza del martirio è connaturale alla vocazione cristiana e al mandato missionario affidato da Gesù alla chiesa; colui che annuncia la salvezza in Cristo crocifisso e risorto, deve mettere in conto la possibilità dell'incomprensione da parte del destinatario che può sfociare in un netto rifiuto e persino a reazioni di violenza. Gesù stesso mette in guardia i discepoli di questa tremenda evenienza: "Se hanno perseguitato me perseguiteranno anche voi" (Gv 15, 20), "Ecco io vi mando come agnelli in mezzo ai lupi" (Lc 10, 3).

Chiunque si mette alla sequela del Maestro non può fare a meno, prima o poi, di essere attaccato dalle stesse forze che attaccarono lui.[40]

Lo scandalo della croce e della morte cruenta, così come ha turbato profondamente la comunità apostolica, ha continuato e continuerà a disorientare i credenti di ogni tempo. Il martirio di chi segue fedelmente il Cristo crocifisso pone la fede di fronte ad una prova durissima e rappresenta il banco di verità supremo che ne saggia e manifesta tutto il suo spessore evangelico.

Con molta profondità don Maggioni afferma che solo coloro che non comprendono appieno il mistero della croce salvifica di Cristo si scandalizzano della persecuzione e del martirio dei suoi discepoli. L'impotenza del martirio scardina il modo comune di concepire Dio l'essere supremo, immortale e onnipotente che ha il potere di ridurre in nulla le cose che sono. Quando Gesù mette in guardia i discepoli dallo scandalo della croce, si riferisce a qualcosa che va al di là di una imperfezione morale, cioè alla tremenda possibilità della perdita della fede che si concretizza per tutti nella fuga e nell'abbandono e in particolare per Giuda nel tradimento e per Pietro nel rinnegamento.[41]

La riflessione teologico –pastorale sulla realtà del martirio deve rispondere alla necessità di bandire quell'atteggiamento masochistico che consiste non nel subirlo ma nel censurare, per una sorta di imbarazzo poco evangelico, i tesori di testimonianza dei martiri di tutte le epoche. Si cade in un atteggiamento codardico quando si vuol coprire con un velo di oblio tali dolorose e supreme esperienze di fede radicalmente vissute agli occhi della cultura moderna che, permeata dall'individualismo narcisistico, non ama sentir parlare di vita donata, di fede non mescolata al compromesso.

---

[40] R. ROYAL, *I martiri del XX secolo*, Ancora, Milano 2002, 459.
[41] Cfr B. MAGGIONI, *La pazienza del contadino*, Vita e pensiero, Milano 1997, 67-68.

Sulla scia della lunga tradizione teologica cristiana, rimane inalterata la coscienza che il martirio e la custodia della memoria dei testimoni è un segnale dello spessore della fede di una chiesa locale, così come attesta G. Falsino:

"Una chiesa senza martiri è una chiesa esangue, timida, impaurita. Una chiesa che non conosce il martirio sarebbe una chiesa in agonia. O forse già morta".[42]

La Tradizione e la prassi liturgica della chiesa nascente dei primi tre secoli, dimostra che il martirio era l'unico fondamento valido per attribuire a qualcuno l'appellativo di santo[43] e il riconoscimento di un culto pubblico, in quanto nitida espressione di quella perfezione morale consistente nel conformarsi il più possibile a Cristo.

"Chi versava il suo sangue per il Signore firmava il diploma della sua ascesa alle vette più alte della perfezione, dove l'amore spinto all'estremo lo rendeva partecipe della divinità".[44]

La storia liturgica della chiesa attesta che, il culto dei martiri è anteriore alla celebrazione del Natale e persino al culto mariano sorto soprattutto a partire dal concilio di Efeso (431). Il giorno della morte del martire costituiva il *dies natalis*, cioè il giorno della nascita alla vita eterna e come tale veniva celebrato dalla comunità di appartenenza che si raccoglieva attorno alla sua tomba per

---

[42] G. FALZINI, *Lo scandalo del martirio, indagine sui testimoni del terzo millennio*, Ancora, Milano 2006, 23.

[43] Risalendo all'origine semantica, il termine *santo* è il corrispondente latino del semitico *qôdeš*, la cui radice significa "tagliare" o "separare", nel linguaggio biblico, dunque, santo era ciò che esisteva separato o perché indicativo di ciò che trascende, in questo senso solo Dio è Santo; o perché riferito a ciò che veniva sciolto da ogni vincolo con le realtà quotidiane per essere consacrato esclusivamente a Dio. La parola greca *hàghios* deriva invece, dalla radice *hag* che indica la realtà di qualcosa che è puro; nella letteratura pagana tale termine non si trova mai riferito a persone ma, solo a cose. Nel Cristianesimo primitivo il termine *santo*, sulla scia della tradizione ebraica, fu attribuito a Dio, alle creature animate e alle cose inanimate destinate al servizio sacro; si tratta di una santità estrinseca all'oggetto proveniente dalla sua esclusiva relazione con la divinità. Ben presto al termine *santo* venne legato il significato intrinseco della purezza morale, espressione di quel concetto di perfezione in consonanza con gli insegnamenti di Gesù che aveva ordinato a coloro che lo seguivano: "Siate voi dunque perfetti come è perfetto il Padre vostro celeste" (Mt 5,48). Cfr M. STELLADORO, *Agata la martire*, Jaka Book, Milano 2005, 14-15.

[44] J. N. CANĚLLAS, *Gli eroi di Dio. Il culto dei santi e il significato della santità*, Città Nuova, Roma 2000, 13.

perpetuarne le gesta (passiones); da queste celebrazioni annuali, che si estesero anche negli altri luoghi in cui si era diffusa la venerazione del santo, si sviluppò il culto dei martiri.[45]

La loro venerazione va interpretata come un adempimento cristologico: l'evento Cristo capo si compie e si estende nelle membra del suo corpo, il loro culto è legato intimamente al mistero pasquale che essi incarnano completando "quello che manca alla passione di Cristo" (Col 1,24), prolungando esemplarmente il mistero della sua morte e resurrezione.[46]

La liturgia testimonia con chiarezza il fondamento cristologico della celebrazione dei martiri; la Colletta del Comune di più martiri, formulario 8 del Messale Romano, ponendo l'accento sulla fedeltà al Vangelo, recita:

"O Padre, che hai dato ai santi martiri la forza di rischiare la propria vita per la tua parola e per la testimonianza del Vangelo, trasformaci con la potenza del tuo Spirito, perché diventiamo veri discepoli e testimoni del Cristo Signore".

La Colletta del formulario 9 stabilendo un legame diretto col mistero pasquale, afferma:

"Esulti la tua chiesa o Padre, nel glorioso ricordo dei santi martiri che hanno proclamato con la parola e con il sangue la passione del tuo unico Figlio".

L'analisi degli aspetti teologici e liturgici sulla dignità del martirio, trovano una eloquente realizzazione nella luminosa figura della martire catanese Agata, il cui culto nel corso dei secoli, oltre a travalicare i confini territoriali per diffondersi in tutto il mondo, si è consolidato sempre più all'interno della comunità ecclesiale etnea fino a diventare una delle manifestazioni di religiosità popolare più importanti dell'intera cristianità. Ciò ha mosso l'Unesco a tutelare i festeggiamenti agatini, celebrati a Catania dal 2 al 6 febbraio, con il

---

[45] M. STELLADORO, op. cit., 15-16.

[46] Cfr. S. GASPARI, *La Chiesa celebra il Signore. Una liturgia per l'uomo*, Borla, Roma 1994, 228.

riconoscimento del titolo di “Bene immateriale di natura etno-antropologico patrimonio dell’umanità” nell’ambito della tutela dei siti archeologici della valle di Noto.

Attraverso lo studio delle vicende personali e della spiritualità della martire, approfondiremo:

- Lo spessore teologico della testimonianza martiriale agatina
- Il legame intimo ed indissolubile di Agata con la città di Catania.

## III.2.: LA TESTIMONIANZA MARTIRIALE DI AGATA

L'attendibilità storica della figura di S. Agata e del suo martirio subito nel 251 d.C. al tempo dell'imperatore Decio, per ordine del console Quinziano, è ormai unanimamente riconosciuta grazie alla testimonianza dei martirologi che, dopo la pace costantiniana, vennero a fiorire ovunque nella chiesa cattolica, ma in modo speciale a Roma dove, nella seconda metà del V secolo fu redatto il celebre martirologio Gerominiano che, tratto da vari manoscritti sparsi in Europa, fu pubblicato nel 1894 da Giovan Battista De Rossi e Ludovico Duchesne; in riferimento alla commemorazione del martirio di S. Agata si legge:

"*Noni februari in Sicilia civitate Catenas, natale sancta Agathae virginis*".

Prove dell'autenticità storica sulla vicenda di Agata ci vengono dagli scavi archeologici eseguiti nel centro storico di Catania in prossimità dei luoghi del martirio, che hanno portato alla luce la necropoli paleocristiana, cioè la zona cimiteriale che si sviluppa attorno al primo sepolcro della santa sul quale sono stati rinvenuti i resti di una basilica. Delle numerose epigrafi marmoree venute alla luce, la più importante risulta essere quella di Julia Fiorentina conservata attualmente a Parigi presso il Museo nazionale del Louvre, in cui si legge di una bambina morta nel rione catanese di *Hibla* intorno agli anni 260/287 e seppellita all'entrata del luogo dove ci sono le sepolture dei martiri.

Un'altra epigrafe importantissima è la lapide marmorea scoperta dal principe di Troiba nell'isola di Ustica (Palermo), considerata contemporanea all'epigrafe precedente, in cui si legge: "Lucifera morta il giorno della morte di S. Agata". Da queste testimonianze si evince che la celebrazione annuale del suo martirio era un avvenimento noto e diffuso in un largo raggio territoriale, da costituire una data di riferimento per altri fatti correnti.[47]

---

[47] Cfr S. D'ARRIGO, *Il martirio di S. Agata nel quadro storico del suo tempo*, I vol., Catania 2002, 160-189.

Delle numerose redazioni degli Atti del martirio giunte fino a noi[48], utilizzerò per il mio approfondimento il testo manoscritto parigino 999 redatto in greco e oggetto di un recente studio critico di Maria Stelladoro specialista in paleografia e codicologia greca.[49]

Il testo greco rispetto a quello latino mette subito in luce il problema fondamentale dell'attribuzione precisa della città patria della martire, che è identificata con Palermo mentre Catania sarebbe il luogo del martirio; la tradizione latina fa invece di Catania la città natale di Agata. Da questa dicotomia hanno avuto origine le violente diatribe fra le due città sicule che assunsero forme di violenza intorno al 1600, quando durante il pontificato di Clemente VIII fu riformato il Breviario Romano e con il consenso del revisore Roberto Bellarmino fu presa la diplomatica decisione di lasciare la controversia insoluta e fu scritto nella rubrica:

"*Agata virgo, in Sicilia nobilibus parentibus nata, quam Panormitani et Catanenses civem suam esse dicunt*".

L'attribuzione di Catania come patria di Agata può essere sicuramente riconosciuta a livello spirituale infatti, H. Delahaye parlando in generale dei *loca sanctorum*, ribadisce che "la vera patria del santo non è quella dove egli ha visto la luce del giorno; è il suolo che ha lasciato per entrare nella gloria. S. Pietro e S. Paolo appartengono per nascita uno alla Galilea e l'altro alla Cilicia. Grazie al loro martirio e per le loro tombe, sono divenuti cittadini di Roma [...] La città

[48] Le redazioni degli Atti del martirio di S. Agata, comprendono la versione in lingua greca contenuta in circa 26 manoscritti di cui i più importanti risultano essere: il testo riportato nel Tabulario del Senato di Messina, il testo contenuto nel manoscritto 999 della Biblioteca Nazionale di Parigi e il testo dell'Encomio a S. Agata di S. Metodio siculo. La redazione martiriale in lingua latina ci è pervenuta in circa 171 manoscritti, di cui il più famoso rimane quello di Bonino Mombrizio del 1479 pubblicato successivamente nel 1658 negli "*Acta Sanctorum*" da G. Bollando. Cfr S. D'ARRIGO, op. cit., I vol., 250-360.

[49] Gli Atti dei martiri nel tempo delle persecuzioni erano quei documenti agiografici contenenti il resoconto di una o più udienze processuali, dell'arresto, della detenzione e dell'esecuzione di accusati di cristianesimo davanti a un magistrato romano. Cfr M. STELLADORO, op. cit., 33-34.

natale del santo è dunque quello che egli ha scelto per lasciare le sue spoglie mortali; è l'angolo di terra dove gli sono resi i primi onori".[50]

Ecco perché il popolo catanese ha sempre custodito con indicibile venerazione i luoghi santi in cui la martire ha testimoniato la sua fedeltà a Cristo e racchiusi all'interno di tre imponenti basiliche all'uopo erette nel centro storico della città: S. Agata alle Fornaci, S. Agata al Carcere e S. Agata la Vetere prima cattedrale della diocesi in cui è custodito il primo sarcofago marmoreo.

La *Passio* greca del martirio di S. Agata, redatta in forma dialogica, manifesta con immediatezza i tratti della personalità dell'eroina e il modello martiriale che l'anonimo autore si propone di tramandare ai posteri della comunità ecclesiale catanese, soprattutto in alcuni passaggi che risultano fondamentali.

Il primo ricco di significato teologico è la risposta che la fanciulla rivolge ai carnefici recatisi a Palermo per arrestarla e condurla alla presenza di Quinziano a Catania:

*"[...] Mentre i carnefici la sollecitavano ad andare a presentarsi al cospetto del tiranno, ella, entrata nella sua casa e alzati gli occhi al cielo, pregò: <<O, Padrone, Signore Gesù Cristo, tu conosci l'animo mio, tu vedi il mio cuore, tu stesso guidami contro il tiranno. Già infatti egli è stato da me sconfitto e schiacciato. Ed ora, o Padrone, Signore Dio, per il potente e sublime tuo nome, nel quale ho condotto vita pura e casta, ti prego apprestati a vincere il diavolo tentatore, accogliendo le mie lacrime>>. Dopo aver pregato ella in questo modo, partì da Palermo e, alacremente camminava con i soldati, a guisa di una salda fortezza cinta da forti mura. Pensando alla bellezza della virtù*

[50] H. DELAHAYE, *Analecta Bollandiana*, 48 cit. in F. CHIOVARO (a cura di), Storia dei Santi e della santità cristiana, I vol., Eraclea, Milano 1991, 22.

*diceva: <<Prima ho combattuto per la castità e ho vinto il diavolo sorgente di male e disseminatore di voluttà fra il genere umano e ora sono tormentata a causa della grazia di nostro Signore Gesù Cristo. Ma tu, o malvagio e nemico della verità, non vedi il mio Dio che è immortale? In suo nome celebrano i giusti insieme agli angeli. Io ho un sostegno immortale, il Figlio di Dio, il Signore Gesù Cristo, accompagnato da innumerevoli schiere di angeli>>".*

Da questa profonda e tenerissima preghiera, emerge la scelta volontaria della giovane di unirsi a Gesù Cristo come sposa ardente e fedele attraverso il voto di verginità. E' interessante notare come la santa, arguta nel suo ragionamento e concreta nell'analisi delle dinamiche spirituali, accomuni la verginità al martirio.[51]

La scelta verginale corrisponde ad un martirio incruento per la lotta e la resistenza che bisogna affrontare nel difenderla dalle tentazioni poste in essere dal maligno. Di questa lotta, Agata registra già una prima vittoria nell'aver custodito immacolato il suo voto. Al tempo stesso esprime la netta consapevolezza che la fedeltà agli impegni del proprio stato va ricercata esclusivamente nella forza donatale dal suo Sposo che viene incontro alla naturale debolezza della creatura umana.

E' l'umile riconoscimento del proprio limite che predispone Agata all'accoglienza del dono dello Spirito, di cui la fortezza e la fedeltà richieste dalla circostanza sono una manifestazione della sua presenza. Rivestita della forza più grande dello Spirito, Agata, superando il modello antropologico tradizionale, assurge a modello di donna virile, perché reagisce con ferma

[51] La verginità, in linea con la tradizione dei primi secoli è da lei considerata come *principalis virtus*, perché legata alla nascita verginale di Cristo, per la quale solo una vergine, aveva avuto il dono celeste di concepire nel grembo: è solo Cristo lo sposo delle vergini in quanto vergine è colei che lo ha portato in grembo, generato e nutrito con il suo stesso latte; pertanto solo Maria vergine doveva essere emulata da chi voleva condurre una vita illibata. Cfr R. LIZZI, *Vergini di Dio – vergini di Vesta. Il sesso negato e la sacralità*, in S. PRICOCO (a cura di), *L'eros difficile. Amore e sessualità nell'antico cristianesimo*, Saveria Mannelli, Catania 1998, pp. 91 ss.

risolutezza al dolore e alla sofferenza, superando sul piano fisico e morale, le debolezze naturali che la cultura dell'epoca considerava caratteristiche del sesso femminile.[52]

Secondo la pneumatologia paolina, lo Spirito disegna e porta a maturazione in lei, i lineamenti di Cristo: diventa l'atleta di Cristo capace di affrontare la lotta e riportare vittoria perché completamente rivestita di Lui.

Nell'evolversi delle circostanze dolore, Agata eleva la sua preghiera a vertici di contemplazione, interpretando la possibilità di subire il martirio cruento come l'attacco più crudele e decisivo che il maligno si accinge a sferrarle per ottenere la sua caduta, in una sorta di similitudine con Gesù nel deserto, dove il maligno dopo aver esaudito ogni sorta di tentazione, si allontana per ritornare all'ora suprema della passione.

Rivolgendosi al suo sposo celeste con l'appellativo di Padrone, Agata intende chiaramente indicarci, anche se con una datata terminologia, la via che conduce alla piena realizzazione umana e al possesso dell'eterna felicità: l'umile obbedienza alla parola del Signore e il fiducioso abbandono alla sua volontà in tutte le circostanze, serene o dolorose, che ciascuno è chiamato a vivere.

L'intensità e la profondità del dialogo raggiunge il suo culmine nel momento in cui Quinziano pronunzia la sentenza di condanna, come conseguenza la fanciulla subirà una straziante flagellazione appesa a un palo, verrà tormentata con pettini di ferro acuminati, torturata con il tremendo strappo delle mammelle e infine esposta al fuoco su cocci arroventati.

In questo contradditorio, assume particolare importanza un passaggio dialogico che rende la *Passio* agatina originale da tutte le altre composte per celebrare le gesta dei martiri:

---

[52] Cfr. M. STELLADORO, op. cit., 45.

*"[...] Quinziano disse: <<Scegliti un buon motivo e, dopo esserti convinta, sacrifica agli dei altrimenti sarai sottoposta a diversi supplizi assieme ai condannati e in tal modo insulterai l'onore della tua famiglia, non solo, ma alla fine, essendoti finalmente persuasa, sacrificherai comunque agli dei onnipotenti>>.*

*Agata rispose: <<Sia la tua donna come la dea Afrodite e tu di nascita come il tuo dio Zeus!>>".*

*"Quinziano, dopo aver ascoltato queste cose, ordinò che fosse frustata, esclamando: <<Non lanciare al governatore invettive con voce superba!>>. Agata rispose: <<Non desideri, forse, essere incluso nel novero di coloro che tu stesso hai detto essere tuoi dei? [...] Mi stupisco che tu, che sei pure un uomo intelligente, sia giunto a una stoltezza tale da non volere essere simile ai tuoi dei e partecipe della loro vita. Se, dunque, sono tuoi dei e se li veneri, ecco io ho innalzato preghiere verso di te. Come, dunque, puoi dire che ti abbia arrecato insulto dal momento che la loro vita è uguale alla vostra? La se respingi la loro sorte, allora tu, insieme a me, li consideri abominevoli>>".*

Il dialogo tra la giovane e il governatore mette in luce la relazione profonda che si instaura tra la vittima e il carnefice che, come affermato dallo stesso pontefice Giovanni Paolo II, va approfondito, concentrando l'attenzione non soltanto sulle vicende e lo stato d'animo del martire ma allargando l'investigazione alla figura del carnefice che non è assolutamente una nota marginale. Il martire e il suo assassino costituiscono una coppia e "il martirio dei cristiani getta una luce anche sul mondo di chi li perseguita e li uccide".[53]

Le risposte della santa che, a un primo superficiale approccio, possono sembrare velate di livore o rivolte con superbia, in realtà rappresentano un

[53] G. FAZZINI, op. cit., 7.

estremo sublime tentativo di evangelizzazione. Manifestano la volontà di condurre l'interlocutore all'accoglienza dell'unico vero Dio e del messaggio salvifico del suo Figlio unigenito Gesù Cristo. Agata, attraverso una notevole capacità dialettica e una argomentazione logica, tenta di liberare il suo carnefice dall'assurdità delle sue credenze religiose, accolte più per un tornaconto di potere e prestigio (perché religione dell'impero) che per convinta adesione intellettuale.[54]

Questo tentativo viene condotto facendo riferimento alla Sacra Scrittura, conosciuta in profondità e lungamente meditata: il duro e ironico indirizzo di augurio di emulazione degli dei, non è altro che l'applicazione di un passo dei Salmi riferito al culto degli dei:

"Hanno mani e non palpano, hanno piedi e non camminano; dalla gola non emettono suoni. Sia come loro chi li fabbrica e chiunque in essi confida". (Salmo 115 [113b] 7-8).

Si tratta di segni che manifestano il grado superiore di cultura posseduto dalla martire e rende sempre più verosimile l'appartenenza della stessa all'*ordo* delle diaconesse con funzioni catechetiche per i neofiti che si preparavano a ricevere il sacramento del battesimo, un ministero femminile diffuso nelle comunità ecclesiali dei primi secoli.

Il dialogo processuale mette in evidenza un singolare parallelismo tra le dinamiche di tentazione, delle quali Quinziano risulta essere lo strumento eccellente nelle mani del maligno, e quelle dell'evangelizzazione incarnate dalla giovane eroina. Il dinamismo tentazione/evangelizzazione, si sviluppa attraverso un percorso strategico che tende a coinvolgere la dimensione intellettuale e sentimentale degli interlocutori.

---

[54] Il dibattito con i persecutori non sarà mai, per i martiri, di tipo supplichevole o apologetico, ma sempre condotto con spietata ironia per manifestare il compiacimento di essere resi partecipi della morte di Cristo, modello perfetto da imitare nel tempo delle persecuzioni. Cfr M. STELLADORO, op. cit., 62.

Il maligno, attraverso la mediazione del governatore, si muove nei confronti di Agata attaccandola, da principio, nella sfera sentimentale, in particolare nei legami affettivi: tutta la famiglia è in pericolo di cadere nel disonore a causa dell'ostinata resistenza a sacrificare agli dei imperiali. L'impassibilità mostrata dalla giovane spinge il nemico a coinvolgerne la dimensione intellettiva con l'invito a riflettere sulle atroci sofferenze e la morte violenta, conseguenze inevitabili in caso di caparbia resistenza.

Dal lato opposto e in maniera antitetica, il tentativo di evangelizzazione di Agata inizia a far leva sulla sfera intellettiva dell'interlocutore. Attraverso una retorica logica e confutativa, intende far prendere coscienza che la reazione violenta all'augurio della giovane di poter essere sempre più conforme all'ideale incarnato da Zeus padre degli dei, dimostra inequivocabilmente che anche per lui, il padre degli dei pagani, non costituisce un modello da emulare per l'esecrabilità del comportamento e la bassezza morale che lo distingue. Nonostante il fallimento del tentativo, Agata continua la sua azione di evangelizzazione anche nel momento cruciale in cui viene pronunciata la sentenza di tortura culminante nello strappo delle mammelle. Le celebri parole pronunciate dalla giovane:

*"O empio, crudelissimo e tiranno di Dio, non provi vergogna a fare questo a una donna, cioè a recidere in me ciò che tu stesso hai succhiato da tua madre?"*

rappresentano l'estremo tentativo di far leva sulle corde sentimentali del tiranno per fargli capire come il lasciarsi sopraffare dalla forza della passione e dalle dinamiche del potere, possa determinare la perdita della dignità in un uomo: per dar sfogo alla rabbia del rifiuto. Quinziano giunge a violare il simbolo più sacro e pudico della femminilità di una donna.

## III.3.: AGATA E CATANIA: UN BINOMIO INDISSOLUBILE

Per comprendere la rapida diffusione e il radicarsi del culto della martire nella città di Catania, bisogna fare riferimento alla tradizione trasmessaci dalle *Passio* latina e greca, entrambe indicano due precise circostanze che hanno determinato tale fulgore che non trova paragone nella devozione di altre comunità ecclesiali.

La prima fa riferimento ad un intervento miracoloso accaduto durante la ricomposizione e l'unzione con gli aromi del cadavere della fanciulla nel sepolcro. Si narra che apparve un giovane seguito da un corteo di fanciulli che depose all'interno del sarcofago una tavoletta marmorea con su incisa la frase:

*<<MENTEM SANCTAM, SPONTANEUM HONOREM DEO, ET PATRIAE LIBERATIONEM>>* (Mente santa, spontaneo onore a Dio e liberazione della patria).

I testimoni di questa visione che lessero l'iscrizione, la divulgarono in tutta la Sicilia e ben presto il luogo di sepoltura della martire divenne meta di pellegrinaggi e luogo di venerazione non solo per i cristiani, ma pure per i giudei e i pagani, richiamati dal potere taumaturgico attribuito alle preziose reliquie.

La seconda è legata alla tremenda eruzione dell'Etna verificatesi l'anno successivo alla sua morte; la poderosa colata lavica si arrestò immediatamente quando gli abitanti dei minacciati villaggi limitrofi a Catania, accorrendo al suo sepolcro, presero il velo che ne avvolgeva il coperchio per contrapporlo al fuoco.[55] Il sentimento popolare ha visto in queste due circostanze, uno straordinario potere di difesa che Agata manifesta contro ogni avversità che può minacciare la città e i suoi abitanti. La *Passio* greca spiega l'origine di questo vincolo indissolubile d'amore e protezione, si legge che la fanciulla:

---

[55] Cfr A. LONGHITANO, *Il culto di S. Agata*, in V. PERI (a cura di), *Agata la santa di Catania*, Velar, Gorle 1996, 67.

*"Dopo aver pregato […] partì da Palermo (per essere presentata al cospetto del governatore residente a Catania) […], mentre camminava si sciolse una cinghia del calzare che portava e, dopo aver appoggiato il piede sopra una pietra, la legò. Voltatasi indietro, vide che nessuno dei cittadini e delle cittadine, che l'avevano seguita in corteo, l'accompagnava, anzi essi, avendola abbandonata, si erano ritirati.*

*Allora la santa Agata, afflittasi moltissimo, pregò Dio, dicendo: <<O Signore Dio onnipotente, mostra un grande portento verso coloro che hanno dubitato della tua serva, che ha voluto combattere in difesa del tuo nome>>. E immediatamente spuntò un olivo sterile, che manifestò l'animo dei palermitani".*

Agata, incarnando perfettamente i valori naturali e sanguigni della terra di Sicilia, sperimenta la fortissima sofferenza per il tradimento dei suoi concittadini che, abbandonandola al suo doloroso destino, le negano quel sostegno morale ed affettivo di cui aveva tanto bisogno in quell'ora tragica della sua vita. Durante le fasi del processo e poi del martirio, Agata si accorge della vicinanza e della compassione espressi dai catanesi, e per un impeto di riconoscenza, la tradizione popolare ha creduto verosimile che, nelle ultime ore trascorse nel carcere buio e angusto dalla cui piccola feritoia era visibile il panorama della città, Agata abbia offerto le sue sofferenze a Cristo sposo celeste, come strumento di benedizione e protezione perenne per la città che tanto amorevolmente l'aveva accolta.

Il sentimento di riconoscenza, valore altissimo della cultura siciliana, è testimoniata dalla *Passio* di S. Lucia di Siracusa in cui si legge che la santa, essendosi recata con la madre in pellegrinaggio a Catania sulla tomba di Agata per implorarne la guarigione, ebbe una visione nella quale la martire etnea, oltre ad assicurarle la guarigione della madre e la predizione del prossimo martirio con il quale avrebbe reso testimonianza a Cristo, manifesta il legame indissolubile con Catania attraverso la celebre frase:

<<Per me, la città di Catania è prediletta e onorata da Cristo>>.

La predilezione e la protezione di Agata verso Catania è all'origine del forte radicarsi e della rapida diffusione del cristianesimo nel tessuto sociale cittadino dopo la sua morte, che portò a piena maturazione la prima evangelizzazione risalente al passaggio dell'apostolo Paolo in cammino verso Roma. Agata, con la sua forza indomita, il profumo delle sublimi virtù e la fedeltà coraggiosa a Cristo, è riuscita a spezzare la resistenza del paganesimo imperiale e il proliferare dei culti misterici orientali; Catania, fino al 250, per la sua posizione geografica di crocevia nel mediterraneo, era famosa per essere il ricettacolo di ogni sorta di culto e pratiche immorali, altrove proibiti.[56]

Il sepolcro di Agata divenne per la città, il seme della virtù e della fede in Cristo che, caduto in terra ha portato il frutto della rinascita morale e spirituale di Catania. Il corpo della martire custodito gelosamente dai catanesi, è stato da sempre considerato il gioiello più prezioso della città e oggetto di straordinaria venerazione, tanto che alla fine delle persecuzioni, il sepolcro con il santo corpo incorrotto venne solennemente installato nel luogo dove successivamente fu eretta la prima cattedrale della diocesi: S. Agata la Vetere e dove vi rimase fino al 1040.

In quell'anno, Maniace, comandante in Sicilia dell'esercito imperiale, trasportò a Costantinopoli il santo corpo insieme a quello di S. Lucia e di altri martiri siciliani nella speranza di ingraziarsi l'imperatore. La famosa lettera del vescovo Maurizio Ad perpetua rei memoriam, sulla traslazione delle reliquie verso Catania, afferma che il 17 agosto 1126, fra il tripudio dei catanesi, il santo corpo ritorna trionfante a Catania per essere custodito nel nuovo Duomo

[56] Cfr G. CONSOLI, *Sant'Agata vergine e martire catanese*, Capitolo della Cattedrale, Catania 1973, 115.

edificato dal conte Ruggero nel 1094. In particolare, il presule, testimonia che Sant'Agata apparve ripetutamente in sogno all'ufficiale militare della reggia costantinopolitana Gilberto di origine francese, ordinando gli di prelevare il suo corpo per riportarlo nella sua amata Catania;egli chiamò in aiuto l'amico calabrese Goselino e insieme con "lodevole furto", lo trafugarono, lo tagliarono a pezzi e lo riposero in due faretre perché non fosse scoperto durante il viaggio di ritorno.

Determinante al consolidamento del legame spirituale di Catania con la martire è l'esperienza salvifica vissuta dai catanesi che scamparono l'eccidio decretato da Federico II di Svezia che, volendo espugnare la città fedele al papa, dovette molto faticare per piegare la fiera resistenza oppostagli. Secondo quanto tramandato dalla tradizione, ma messo in dubbio dagli storici, i catanesi nei confronti dei quali venne decretata la pena di morte, consapevoli della prossima funesta sorte, chiesero di poter assistere all'ultima messa all'altare della cappella che conserva le reliquie di Agata. Federico accettò e volle essere presente al sacro rito, mentre sfogliava il suo breviario vide incidersi tra le pagine le tremende parole:

<<NOLI OFFENDERE PATRIAM AGATHAE QUIA ULTRIX INIURIARUM EST>>

(Non ti rischiare a far male alla patria di Agata perché ella vendica le ingiustizie),

Federico che temeva la forza dei santi, profondamente turbato, volle offrire un atto di clemenza: ordinò che i catanesi fossero graziati dalla pena dell'esecuzione, mutata nel gesto di umiliazione di passare a capo chino sotto il giogo simbolico di due spade incrociate dalla porta detta di "Mezzo"; dopo la morte del terribile e odiato Federico, le iniziali N.O.P.A.Q.U.I.A.E furono dipinte sull'arcata centrale della chiesa edificata sul santo carcere e scolpite sull'architrave della porta sinistra della facciata del Duomo.

III.4.: CONCLUSIONE

S. Agata è una santa originale che affascina e trascina: la sua bellezza austera e radiosa, conquistò i catanesi quando era in vita e continua a farlo con immutata devozione dopo diciotto secoli, la sua forte personalità dai tratti virili, la sua fede ossuta e fiammante, la sua pudicizia riservata e intransigente e la sua forza indomita a tratti aggressiva hanno sempre esercitato uno straordinario potere di attrazione. Infatti popoli e sovrani, principi e prelati, re e papi, attraverso più di 1700 anni hanno fatto a gara per dimostrare la loro devozione verso di lei. Parlando della Catania del settecento rinata dopo il devastante terremoto dell'11 gennaio 1693 che la rase al suolo, il turista francese Rohault de Fleury osservò che i catanesi parlano esclusivamente di S. Agata e dell'Etna; due realtà, aggiungeva, che nella loro storia sembrano essersi combattute come, nelle favole, i geni del bene e del male.[57]

E dovunque, da Catania a Palermo, da Roma (S. Damaso e S. Gregorio Magno) a Milano (S. Ambrogio), a Costantinopoli (S. Metodio); dall'Italia alla Germania; dall'Europa all'Africa e alle Americhe, si cantano le gesta eroiche di Agata e il suo potere taumaturgico.

Per tentare di sintetizzare, con le categorie umane, la straordinaria vicenda di una fanciulla che con il suo sacrificio ha determinato l'accoglienza del vangelo di Cristo e la crescita morale del popolo etneo, bisogna far riferimento alla categoria della *preziosità*. La *preziosità* di una testimonianza di fedeltà a Cristo semplice, cristallina e radicale, per questo capace di aprire nuovi orizzonti di trascendenza e spiritualità in un contesto di sfrenata mondanità.

A Catania, al di là della straordinaria devozione alimentata dal folklore locale e dalle raffigurazioni artistiche, il culto della martire, si concentra nella presenza delle sante reliquie del suo corpo conservate in *preziosi* scrigni; ed è attorno ad essi che, da moltissimi secoli per due volte l'anno (4 – 5 febbraio:

[57] Cfr V. PERI, *Presentazione*, in V. PERI (a cura di), op. cit., 7.

*dies natalis*, 17 agosto: *translatio*), i catanesi si raccolgono come una famiglia attorno alla persona più cara per tramandare ai posteri il prezioso patrimonio spirituale da lei incarnato.

Di questi scrigni si erge fra tutti, il busto reliquiario[58], il cui volto soave e solenne riflette in maniera fulgida la gloria che splende sul volto di Cristo e i cui occhi contemplano Dio per l'eternità non più da straniera. Anche i monili e i gioielli che l'adornano sono intrisi di pregnante significato spirituale; in particolare, la preziosissima corona ferrea, che la tradizione vuole donata da Riccardo Cuor di Leone, sembra significare il diadema regale ricevuto dalle mani del suo Signore come premio al lottatore che ha combattuto secondo la regola dell'amore di Dio e sa di non attendere altro che la corona della giustizia eterna, promessa dal Signore a chi ha superato la prova (cfr 2 *Tim* 4,8; 1 *Pt* 5,4; *Apoc* 4,11).

La vicenda di Agata può essere pienamente compresa alla luce della riflessione di santa Teresa di Lisieux; nelle ultime pagine del manoscritto C, commentando le parole della sposa del Cantico dei Cantici: "Attirami, dietro a te corriamo" (*Ct* 1,4), così si esprime:

*<<Ecco la mia preghiera: chiedo a Gesù di attirarmi nelle fiamme del suo amore, di unirmi così strettamente a Lui, che Egli viva e agisca in me [...].*

*Uno scienziato ha detto: "Datemi una leva, con un punto di appoggio, e solleverò il mondo". Quello che Archimede non ha potuto ottenere perché la sua richiesta non era rivolta a Dio ed era espressa solo dal punto di vista materiale, i Santi l'hanno ottenuto in tutta la sua pienezza.*

---

[58] Realizzato a grandezza naturale in argento sbalzato e smalti dall'orafo senese Giovanni Di Bartolo, attivo nella corte papale di Avignone e consegnato alla Cattedrale di Catania nel 1373. Cfr C. SIGNORELLO, *Il reliquiario a busto di sant'Agata*, (UFFICIO per i BENI CULTURALI dell'ARCIDIOCESI di CATANIA ed.), *Il tesoro di sant'Agata. Gemme, ori e smalti per la martire di Catania*, EAC, Catania 2006, 21.

*L'Onnipotente ha dato loro come punto d'appoggio: Se stesso e Sé solo. Come leva: l'orazione, che infiamma d'un fuoco d'amore, ed è così che essi hanno sollevato il mondo, è così che i Santi militanti lo sollevano e i Santi futuri lo solleveranno fino alla fine del mondo>>.*[59]

Agata, come si evince dalla *Passio*, ha usato in pienezza lo strumento della preghiera nell'ora decisiva della prova, implorando al suo Signore la grazia di essere attirata nella fiamma del suo amore per essere totalmente trasformata in Lui anche nell'imitazione dell'effusione del sangue e del dono della vita.

Anche Lei, con la sua testimonianza, ha contribuito a sollevare il mondo per disporlo ad accogliere la bellezza salvifica del vangelo di Cristo e continua a farlo per Catania, la città tanto amata.

Una mediazione d'amore liricamente descritta da S. Metodio vescovo nell'omelia pronunciata in occasione della solennità della santa, il cui testo fa parte dell'Ufficio delle Letture del Breviario Romano nella memoria liturgica di sant'Agata:

*<<La commemorazione annuale di sant'Agata ci ha qui radunati perché rendessimo onore a una martire, che è sì antica, ma anche di oggi. Sembra infatti che anche oggi vinca il suo combattimento perché tutti i giorni viene come coronata e decorata di manifestazioni della grazia divina.*

*[...] Sant'Agata è veramente buona, perché essendo di Dio, si trova dalla parte del suo Sposo per renderci partecipi di quel bene, di cui il suo nome porta il valore e il significato: Agata (cioè Buona) a noi data in dono dalla stessa bontà: Dio.*

---

[59] *Manoscritto C*, 338 in S. TERESA DI GESU' BAMBINO, *Gli scritti*, Postulazione Generale O.C.D., Roma 1990, 307.

*Infatti cos'è più benefico del sommo bene? E chi potrebbe trovare qualcosa degno di essere maggiormente celebrato con lodi del bene? Ora Agata significa "Buona". La sua bontà corrisponde così bene al nome e alla realtà. Agata, che per le sue magnifiche gesta porta un glorioso nome e nello stesso nome ci fa vedere le gloriose gesta da lei compiute.*

*Agata, ci attira persino con il proprio nome, perché tutti volentieri le vadano incontro ed è di insegnamento con il suo esempio, perché tutti, senza sosta, gareggino fra di loro per conseguire il vero bene, che è Dio solo>>.*[60]

[60] CONFERENZA EPISCOPALE ITALIANA, *Liturgia delle Ore secondo il Rito Romano*, III, Libreria Editrice Vaticana, Città del Vaticano 1989, 1280-1281.

# PARTE II: ANNOTAZIONI SPIRITUALI

# CAPITOLO IV

## COMMENTO AI CAPITOLI XI - XXII

## DEL LIBRO "VITA"

## DI S. TERESA DI GESU'

## IV.1.: INTRODUZIONE

L'originalità del messaggio teresiano risiede nell'esperienza personale della preghiera, vissuta in tutto il suo spessore, che Teresa considera la via maestra per realizzare quell'intima unione amorosa tra Dio e la creatura fonte dell'autentica felicità.

Teresa definisce la preghiera al cap. 8 della Vita, dove così si esprime: "La preghiera mentale non è altro, a mio parere, se non coltivare una relazione d'amicizia, trattando spesso nella solitudine con Colui da cui sappiamo essere amati". Dalla definizione emergono alcuni elementi fondamentali:

- E' Dio che si comunica alla creatura per primo. La preghiera è la risposta libera e riconoscente dell'uomo a questo amore e si deve sviluppare in due direzioni: A) bisogna crescere in quest'amicizia con Dio, nell'intimità e nella reciproca conoscenza e appartenenza, B) dedicando a questa relazione prolungati e solitari momenti di intrattenimento.
- Gesù che, frequentemente si ritirava in solitudine a pregare in un colloquio intenso e amoroso con il Padre, è il modello e il maestro della preghiera per ogni credente.

I capitoli XI – XXII costituiscono il trattato sulla Preghiera, aggiunto alla I edizione per spiegare ai confessori il suo metodo d'orazione e le grazie che Dio le concedeva.

IV.2.: CAPITOLO XI

Nel capitolo XI, Teresa presenta i presupposti della preghiera:

A) Essendo una risposta amorosa a Dio, l'orante deve bandire ogni forma di timore servile, ma coltivare grande diletto e confidenza.

B) E' necessario poi, risolversi, decidersi in modo radicale e senza sconti a intraprendere la via dell'orazione, optando radicalmente per Dio e rinunciando a ogni diletto terreno e soprattutto a se stessi. Chi persevererà in questa decisione sperimenterà il sostegno del Signore che lo rafforzerà e lo farà uscire vincitore di fronte agli attacchi del demonio che, specie agli inizi, sferrerà ogni sorta di tentazione per distoglierlo dal suo proposito. Non è solo un'anima che gli sfugge, ma molte altre che la imiteranno in questa amorosa donazione a Dio.

La preghiera ha come finalità offrire al Signore un bel giardino carico di fiori odorosi e frutti succulenti, in cui possa trovare diletto e riposo per dimenticare tutto il male e l'ingratitudine che c'è nel mondo.

Teresa presenta la celebre allegoria dei 4 modi di irrigare il giardino per descrivere i corrispondenti gradi dell'orazione.

Chi inizia a fare orazione deve tramutare in giardino di delizie, un terreno molto arido e impervio, pieno di pietre, erbe cattive e rovi; sradicare le erbacce e piantarne di buone è opera che compie Dio. All'uomo, come buon giardiniere, spetta il compito di coltivare e far crescere le piante affinché producano fiori e frutti abbondanti.

Un giardino si può annaffiare in 4 modi:

A) cavando l'acqua da un pozzo con grande fatica: si tratta dei Principianti che praticano la_Meditazione ascetica.

B) estraendo l'acqua dal pozzo con minore fatica con l'ausilio di una noria, una sorta di ruota con più secchi che si fa girare, per convogliarla negli acquedotti: sono i Provetti/Proficienti_che praticano l'Orazione di quiete.

C) incanalare l'acqua che proviene da un fiume o ruscello, è il modo migliore perché il terreno rimane ben imbevuto, non occorre annaffiarlo spesso e il giardiniere fatica molto meno: sono i Perfetti che realizzano l'Orazione di Sonno delle potenze.

D) utilizzando l'acqua di pioggia che Dio invia senza il concorso dell'uomo; è il metodo che supera ogni altro: sono coloro che giungono all'Orazione di Unione in cui bisogna solo abbandonarsi e ringraziare.

### IV.3.: CAPITOLI XI - XIII

Dal capitolo XII al XIII, la santa tratta del primo grado dell'Orazione che riguarda i Principianti. Essi devono faticare tanto perché devono sforzarsi a raccogliere i sensi che si divagano continuamente, devono cercare la solitudine per poter riflettere sui peccati commessi nella vita passata. Devono riflettere e meditare sugli episodi della vita di Gesù ma sperimenteranno stanchezza d'intelletto, aridità e disgusto. Il giardiniere deve trovare la forza di continuare a cavare l'acqua dal pozzo, rallegrandosi e consolandosi considerando una nobilissima grazia poter lavorare nel giardino di un così grande Imperatore (è la tematica dell'inabitazione di Dio nel cuore dell'uomo sviluppata nel Castello interiore). I suoi sforzi rappresentano l'aiuto che il Cireneo ha recato a Gesù nel portare la croce e sono un atto di fiducia nei confronti di un padrone che sembra sfruttarlo lasciandolo senza paga, ma che a suo tempo saprà abbondantemente ripagare. Non bisogna far caso ai cattivi pensieri che il demonio susciterà, lo stesso è accaduto ai grandi asceti del deserto. Gesù permette questo:

- per provare se un'anima lo ama davvero
- per vedere se l'anima saprà bere il suo calice e saprà aiutarlo a portare la croce
- affinché l'uomo si convinca che da se non può fare nulla

Spesso in questa tappa, non si progredisce nella preghiera perché non si dà la giusta considerazione alla dimensione umana. Occorre discrezione e capire con umiltà che l'anima deve sottostare alle vicissitudini del corpo; i cambiamenti di stagione e i rivolgimenti fisiologici hanno un influsso non indifferente nei riguardi della sfera spirituale. Accettando la propria fragilità, a volte bisogna cambiare l'ora della meditazione o assecondare il corpo in alcune sue esigenze, e siccome c'è sempre lo zampino del diavolo, quando si è soggetti a grandi distrazioni sensoriali e turbamenti d'intelletto, non è bene né tralasciare del tutto l'orazione né tormentare troppo l'anima obbligandola a fare ciò che non può. In questi casi è bene ricorrere ad altre pratiche spirituali: atti di carità o lettura spirituale. Per far riposare il corpo ci si può distrarre con qualche buona conversazione spirituale o con una passeggiata in campagna su consiglio del confessore.

## IV.4.: CAPITOLO XII

Nel capitolo XII, Teresa ricorda che se Dio non permette di sollevare un'anima al di sopra dei diletti che l'intelletto può provare nel meditare la passione e morte di Gesù( per le quali ci sentiamo mossi a compassione, ne proviamo pena e ci viene da piangere) o la sua risurrezione e la gloria che speriamo per i suoi meriti (per le quali proviamo una gioia santa e meritoria), non bisogna voler salire verso altre vette contando sui nostri sforzi; è meglio adoperarsi per crescere nelle virtù e risolversi ad amare con più fervore il Signore. Ci si può aiutare immaginando di trovarsi alla presenza di Gesù, iniziare a conversare con Lui, innamorandosi della sua umanità; non aver timore a chiedergli aiuti nei bisogni, piangere con Lui nel dolore e rallegrarsi con Lui nella gioia e tutto ciò non con formule elaborate e studiate, ma con parole semplici intonate alle circostanze.

In questa fase non dove essere l'anima a decidere di sospendere l'intelletto nell'orazione, se lo facesse rimarrebbe fredda e intontita e sarebbe incapace non solo di contemplazione ma anche di meditazione. Se invece lo sospende Dio, darà all'intelletto di che occuparsi e rimanere rapito, facendogli intendere più verità nello spazio di un Credo che applicandosi nella riflessione per più lunghi anni. Pretendere di gestire le potenze dell'anima arrestando la loro naturale attività, anche se lo si fa involontariamente, oltre ad essere indice di mancanza di umiltà, può essere causa di gravi pericoli spirituali.

## IV.5.: CAPITOLO XIII

Il capitolo XIII, costituisce la sintesi di alcuni atteggiamenti fondamentali che i principianti devono coltivare; ad essi occorre:

A) Libertà interiore, gioia e allegrezza libera di ogni tristezza.

B) Decisione ferma di evitare tutte le occasioni che porterebbero ad offendere Dio.

C) Necessità di coltivare grandi desideri.

D) Crescere nella confidenza in Dio e nell'umiltà. Confidando nelle proprie forze non si approderà a nulla, ma con l'ausilio della grazia di Dio si possono ricalcare le gesta eroiche di molti santi. Dio ama le anime coraggiose, umili e diffidenti di sé.

Purtroppo, l'esperienza personale le ha dimostrato che, anche coloro che nutrono grandi ideali spirituali, spesso cercano di non trascurare le loro abitudini mondane e cercano di barcamenarsi in entrambe le direzioni. Ecco la necessità di affidarsi a un buon direttore spirituale (raro a trovarsi) che sproni le anime a raggiungere in fretta le vette della perfezione.

Alcune tentazioni che bisogna sconfiggere:

A) Evitare di trattare con troppa delicatezza la propria corporeità con la paura che il prolungarsi della preghiera e le pratiche di mortificazione possano nuocere alla sua salute.

B) quando si inizia a sperimentare i vantaggi dell'orazione, si desidera vivamente che tutti coloro che si conoscono intraprendino il medesimo cammino spirituale, con la pretesa di proporsi come maestri e direttori. Bisogna non dimenticare che si può diventare veri modelli solo quando è presente una coerenza cristallina tra la teoria e la pratica della virtù.

C) spesso in chi pratica l'orazione, nasce una forte inquietudine per i difetti e i peccati che si scorgono negli altri e che si vorrebbe subito eliminare. Questa inquietudine, spesso, impedisce di fare orazione con tranquillità; l'anima che comincia a fare orazione deve necessariamente dimenticarsi di tutto e di tutti, per dedicarsi esclusivamente al proprio progresso spirituale e contentare il Signore. Bisogna esercitarsi a vedere nel prossimo solo le sue virtù, le buone azioni, impegnandosi a coprire e giustificare i difetti con la considerazione dei propri peccati. Questa attitudine, anche se imperfetta, conduce ad acquisire una grande virtù: considerare gli altri superiori a sé.

Teresa prosegue spiegando come i principianti devono esercitarsi nella preghiera: coloro che hanno la fortuna di saper discorrere con l'intelletto (sanno riflettere attraverso la fantasia e le associazioni di idee) non devono impiegare così tutto il tempo dell'orazione. Devono procedere immaginando di trovarsi alla presenza di Gesù, con cui devono dialogare presentandogli i propri dubbi e richieste e abituandosi a gioire di stare alla sua presenza. Ciascuno, poi, deve identificare quali episodi della vita di Gesù procuri maggiore vantaggio spirituale: se la passione e morte, o la resurrezione e ascensione al cielo, i miracoli di Gesù, le parabole.

E' fondamentale la guida di un direttore spirituale di grande esperienza.

Tre sono le qualità di un buon direttore: deve essere prudente, possedere grande esperienza nell'ambito spirituale e avere una solida preparazione teologica.

Se queste non si trovano in un solo soggetto, si cerchi una persona che possieda le prime due qualità che sono più importanti.

Non bisogna pensare che i dotti senza spirito d'orazione siano inutile per coloro che la praticano; per esperienza personale, coloro che trattano con uomini preparati nella teologia e nell'interpretazione della Scrittura e che non avversano l'orazione pur non praticandola, non saranno mai ingannati dal demonio. Esso ha gran paura della scienza umile e virtuosa, perché sa che verrebbe scoperto e ne avrebbe il peggio.

## IV.6.: CAPITOLI XIV - XV

Nei capitoli XIV - XV, Teresa descrive il secondo grado dell'orazione praticato dai Proficienti. Ci troviamo ad un livello più alto, bisogna estrarre l'acqua necessaria per la coltivazione del terreno non più con la fatica che procura l'utilizzo di un solo secchio, ma servendosi della noria e dell'acquedotto che veicola l'acqua nel giardino. La fatica di far girare la noria nella realtà viene ammortizzata dai contadini attaccando un mulo che camminando intorno al pozzo, la fanno girare. Questo II grado di orazione è l'Orazione di quiete: si tratta di un'azione speciale di Dio, per mezzo della quale l'anima sperimenta e ha coscienza della presenza di Dio che si manifesta liberamente in lei. E'un dono gratuito del suo amore infuso.

Nel cap XIV, Teresa da una prima definizione:

- In questo grado di Orazione, le potenze si raccolgono dentro di sé per gustare il contento di cui sono inondate, ma senza perdersi né addormentarsi. Solo la volontà rimane attiva acconsentendo di lasciarsi inondare dalla presenza di Dio quasi come imprigionata; anche i sensi non si distraggono più.

Le potenze memoria e intelletto (come le colombe nelle colombaie) a volte tornano indietro per stuzzicare la volontà a condividere l'esperienza spirituale che sta godendo.

L'acqua che il Signore concede contiene tesori preziosi e fa crescere nelle virtù in modo più vistoso che nel precedente stato; l'anima viene purificata progressivamente spogliandosi delle sue miserie e acquisisce una profonda conoscenza delle realtà celesti. Si perde il gusto delle cose terrene: ricchezza, potere e onori non recano più alcun diletto.

Nel cap. XV, viene data una seconda definizione:

- questa orazione è una scintilla del vero amore divino con la quale il Signore comincia a incendiare l'anima con un fuoco divampante.

L'anima giunta a questo stadio deve umilmente riconoscere la grande dignità in cui si trova e il grande dono che Dio le ha concesso. Alle anime che raggiungono questo grado di unione, Teresa raccomanda di non tralasciare mai l'orazione anche se si cade moralmente (peccato), perché tramite essa si può avere la precisa conoscenza del proprio stato, ci si può più facilmente pentire dell'offesa recata a Dio e si acquista la forza necessaria per rialzarsi.

Questa scintilla è la garanzia che Dio ha scelto l'anima per grandi cose, per cui si deve essere sempre disposti a progredire, a dilatare il proprio recipiente per ricevere ulteriori grazie e favori celesti; Dio non ha misura nel donarsi. Sono molti coloro che giungono a tal punto, ma solo pochi riescono ad andare oltre.

Nello stato di quiete l'intelletto deve procedere con soavità e senza strepito, evitando di perdersi in considerazioni e discorsi per ringraziare Dio di tanta grazia ricevuta o continuare a rimescolare i propri difetti e peccati commessi per sentirsi indegni. E' bene, invece, chiedere grazie, offrire preghiere per la Chiesa, per coloro che si raccomandano alle nostre orazioni e per le anime del purgatorio senza rumore di parole, ma con il grande desiderio di essere esauditi. In questa fase non è bene fare applicazioni di esegesi biblica o di speculazioni teologiche, ma è bene assecondare quelle considerazioni semplici e spontanee che emergono nell'intelletto (per es. cosa si può fare di concreto per ricambiare l'amore di Colui che così tanto ci favorisce).

Per avere la certezza che la quiete proviene da Dio e non dal demonio che vuole trarre in inganno, è importante cominciare la preghiera col proposito di distaccarsi da ogni sorta di diletti e consolazioni spirituali ed entrarvi risolutamente con l'unico scopo di aiutare il Signore a portare la croce, come generosi cavalieri che servono il loro Re senza retribuzione perché sicuri di riceverla dopo e raddoppiata. Inoltre, quando agisce lo spirito di Dio non è necessario cercare difficili considerazioni per convincersi della propria piccolezza e per crescere nell'umiltà; perché ci umilia e ci confonde Dio stesso con una intensità tale e chiarissima da annientarci.

### IV.7.: CAPITOLI XVI - XVII

Nei capitoli XVI - XVII Teresa approfondisce il terzo grado dell'Orazione proprio dei Perfetti; non bisogna fare più alcuno sforzo per attingere l'acqua in quanto si utilizza l'acqua di fiume o di fonte che viene convogliata direttamente nel giardino con l'ausilio di canali. E' l'Orazione del Sonno delle potenze o Unione ordinaria / piena nella quale il Signore è come se volesse sostituirsi al contadino nel lavoro di irrigazione.

Nel cap. XVI Teresa fornisce una descrizione:

questa orazione è come un morire completamente alle cose del mondo per godere solo di Dio; l'anima si sente traboccare di grazia divina. Il piacere, la soavità e le delizie spirituali si sperimentano in modo più intenso che nei precedenti gradi.

L'anima non sa cosa fare: se piangere o ridere, se parlare o tacere, si trova immersa in un glorioso delirio, in una celeste follia nella quale impara la vera sapienza. Ci si rende conto che si tratta di una operazione esclusiva di Dio; le potenze non possono far altro che occuparsi di Dio, nessuna può muoversi da se stessa e nemmeno possono essere distolte da noi stessi per la forza che ci vorrebbe. L'anima prorompe in un gioioso canto di gloria verso l'amore di Dio e si sperimenta una lode che si esprime nel fenomeno della glossolalia o preghiera in lingue. L'anima desidera che tutti possano vederla traboccare di gioia per lodare Dio e unirsi a lei nel glorificarlo. Il godimento spirituale che prova è una sorta di spasimo indicibile che la spinge a desiderare la morte (Teresa esprime questa sensazione nella poesia: Muoio perché non muoio). Persino il corpo partecipa di questa pena indicibile volendo sopportare ogni sorta di tormento per amore del suo Dio.

Teresa considera fondamentale la collaborazione e il sostegno spirituale tra coloro che condividono il medesimo grado d'orazione, per correggersi nei propri difetti, nel disingannarsi a vicenda e per progredire più speditamente nel cammino di perfezione (Teresa fa riferimento a P. Garcia di Toledo, P. Pietro Ibanez, Francesco de Salcedo e Giuliano d'Avila). Per lei questo grado di orazione dovrebbe essere raggiunto da tutti i predicatori perché bruciando del gran fuoco dell'amore di Dio possano spingere coloro che li ascoltano a intraprendere una seria conversione come avveniva ai tempi della predicazione apostolica. Questo oggi non accade più perché la maggior parte di essi hanno troppa umana prudenza e disprezzano poco le cose mondane.

Nel cap. XVII continua ad offrire consigli per guidare l'anima in questa orazione del tutto passiva dato che è Dio l'unico giardiniere:

A) Occorre abbandonarsi completamente fra le braccia di Dio dovunque volesse condurli.

B) in questa tappa, le virtù crescono e si radicano di più nell'anima dell'orante da arrivare a un grado di perfezione elevatissimo (chi è umile lo diventerà sempre di più, chi è docile lo sarà sempre di più).

C) in questo stato si sperimenta come la volontà risulti legata e immersa in una grande quiete e gioia, mentre le altre due potenze: intelletto e memoria restano libere anche di poter trattare di affari e opere di carità. A differenza dell'orazione di quiete in cui l'anima non osa muoversi né distrarsi restando immobile nell'ozio santo di Maria; in questa orazione può comportarsi pure come Marta, potendo svolgere via attiva e contemplativa, può svolgere opere di carità, dedicarsi alla lettura e a tutti gli impegni del suo stato. Teresa precisa, in base all'esperienza personale, che spesso l'intelletto si trova anch'esso rapito e assorto nella contemplazione del mistero di Dio, invece la memoria e la fantasia restano quasi sempre libere di operare scatenando una grande guerra mirata a sconvolgere l'opera divina; in questi casi bisogna confidare nell'aiuto di Dio e avere la certezza che non potranno mai vincere perché non aiutate dal supporto dell'intelletto e della volontà.

D) Anche il corpo risulta visibilmente trasfigurato da questo grado di orazione.

### IV.8.: CAPITOLI XVIII - XIX

Nei capitoli XVIII - XIX, Teresa descrive, con difficoltà terminologica per la sua ineffabilità, il quarto grado dell'Orazione di Unione mistica, in cui il giardino è irrigato senza alcuno sforzo dall'acqua che abbondantemente cade dalle nuvole. Qui l'anima prova una grande gioia per un bene che avverte presente in sé, ma senza comprenderlo. Tutte le potenze e i sensi sono rapiti e assorbiti in questo gaudio e l'anima non riesce ad occuparsi di nulla.

Quest'acqua del cielo, Dio la dona all'improvviso e generalmente dopo una lunga orazione mentale, nel momento in cui viene elargita il respiro comincia a mancare, le forze corporali svaniscono tanto da non potersi più muovere, si perde l'uso della vista; se sta leggendo non riesce a distinguere le lettere e non capisce nulla, non si riesce a udire nulla. Non si riesce a parlare. Aumentano progressivamente, invece, le energie dell'anima per poter godere appieno dei favori celesti che Dio accorda.

Generalmente questa orazione non ha durata molto lungo, le potenze intelletto e memoria rimangono sospese per non più di una mezz'ora, solo la volontà si mantiene assorta e proprio per questa attitudine a rimanere in quiete, le altre potenze che si muovono per disturbare, si arresteranno di nuovo per poi continuare a risvegliarsi. In questo procedere fluttuante, l'orazione si può prolungare per molto tempo soprattutto quando le due potenze meno domabili cominciano a inebriarsi e gustare dei diletti spirituali.

L'anima prova al suo interno un'unione così intima con Dio come se si fosse inabissata in Lui. Non è più lei che vive ma Dio vive in lei. La volontà è tutta intenta ad amare senza sapere come.

Nel cap. XIX vengono descritte le molte grazie che si ottengono:

A) Una enorme tenerezza che fa sfociare in lacrime gioiose.

B) Si acquisisce un coraggio inaudito nel servire il Signore da poter sopportare ogni persecuzione.

C) E' l'ora in cui si prendono risoluzioni eroiche alle quali bisogna fare attenzione perché Dio può accogliere i nostri propositi. In questa fase l'anima rinnova la sua opzione fondamentale per Dio sottomettendosi totalmente alla sua volontà. La potente illuminazione dall'alto le fa cogliere l'altezza, la lunghezza e la profondità della verità su Dio.

D) Nonostante la sublimità di questo stato, la persona continua a sperimentare tutta la sua miseria, la fragilità e i peccati commessi, perché se in una stanza entra molto sole non vi è ragnatela che può rimanere nascosta, o se si solleva un bicchiere d'acqua che sembra limpidissima di fronte ai raggi del sole, si scorgono una infinità di imperfezioni.

E) La persona che si scopre così ripiena di favori celesti desidera distribuirli a chi le sta vicino e supplica il Signore che li distribuisca anche agli altri.

Quando si giunge a questo grado così alto di orazione, bisogna rifuggire da due tentazioni:

- Voler abbandonare la pratica dell'orazione nel caso si cada in peccato per la paura di rendersi più colpevole di fronte a Dio. Il demonio tenta le anime a ritirarsi con il pretesto di una falsa umiltà; invece è uno spettacolo meraviglioso assistere ad un'anima che caduta da tanta altezza viene sollevata dall'infinita misericordia divina, e grazie al sincero pentimento e alle preghiere di aiuto rivolte alla Madre di Dio e ai santi che hanno sperimentato le stesse battute d'arresto. Bisogna stare attenti perché il demonio, in caso di caduta, cercherà di portare l'anima a disperare della infinita misericordia di Dio come è riuscito a fare con Giuda dopo il tradimento.
- L'altra tentazione è di segno opposto: l'anima che raggiunge tali vette che le permettono di distinguere la differenza tra i beni del cielo e quelli della terra e la considerazione della estensione dell'amore di Dio, sente nascere in lei una certa fiducia e sicurezza che da quello stato felice non potrà più essere insidiata o tantomeno cadere. Il demonio le ruba il sentimento di diffidenza di sé che ogni anima spirituale deve avere sempre presente.

### IV.9.: CAPITOLO XX

Nel capitolo XX, Teresa descrive la differenza che passa tra l'Unione e l'Estasi o Rapimento: quest'ultimo supera di gran lunga l'unione, per gli effetti e i diletti spirituali di gran lunga superiori che riguardano l'anima e il corpo. Nel rapimento è Dio che rapisce l'anima distaccandola dalla terra alla stessa maniera di come le nuvole o il sole attirano i vapori, l'anima rapita in cielo viene a conoscere e gustare le ricchezze del paradiso che Dio ha preparato per lei. Durante questi rapimenti, sembra che l'anima sia fuori dal corpo, quest'ultimo perde il suo calore naturale raffreddandosi e sembra come morto; è impossibilitato a compiere il benché minimo movimento e rimane nella posizione in cui fu sorpreso dal rapimento.

A differenza dell'unione, qui non si può assolutamente resistere all'iniziativa di Dio per l'impeto con cui viene assalita l'anima, quasi come se si fosse trasportati sulle ali di un'aquila possente. Gli effetti del rapimento sono molteplici:

A) Si comprende la somma potenza di Dio per l'impossibilità che si sperimenta nel trattenere il corpo e l'anima.

B) Si sperimenta un distacco straordinario da tutte le cose terrene, da sentirsi come estranei e ricolmi di pena per dover continuare a vivere nel mondo.

C) L'anima non vuol avere nessuna consolazione dalle cose della terra, neppure da quelle cose che prima la interessavano. Desidera soltanto di possedere o di essere posseduta solo da Dio al punto di desiderare di morire. L'unico sollievo gli può venire dal trattare solo con persone che provano le medesime esperienze spirituali.

D) L'anima giunta a questo stato è come se avesse messo le ali e si comporta come un condottiere che spiega la bandiera per la causa di Cristo, l'anima trasportata nella torre più alta della fortezza, guarda dall'alto il mondo sottostante senza temere pericoli per la sicurezza che gode. Dall'alto comprende la vacuità dei beni terreni (il punto di onore, l'apprezzamento del denaro, i piaceri, le inquietudini, gli affanni) e la poca stima che meritano; desidera di non possedere alcuna volontà, arrivando a desiderare che Dio le tolga pure il libero arbitrio per rimanere totalmente immersa in Lui.

### IV.10.: CAPITOLO XXI

Nel capitolo XXI la Santa, completando la trattazione, precisa che l'anima giunta a questo punto non si accontenta di manifestare santi desideri per il servizio di Dio, ma si strugge per poter compiere azioni eroiche e realizzare opere meritorie in modo che il servizio a Dio sia autentico, visibile e fonte di progresso spirituale. L'anima sente una gran pena nel dover ancora trattare le cose del mondo, assistere alla brutta commedia della vita e sciupare il tempo nel soddisfare i bisogni del corpo. I rapimenti fanno progredire l'anima nel cammino di perfezione: l'amore e l'umiltà, radicandosi e sviluppandosi, diffondono una maggiore fragranza. Potranno giungere a questo grado di perfezione anche coloro che non sperimentano il rapimento, ma solo con grande sforzo, a prezzo di stenti e mortificazioni e dopo lungo tempo. La scelta di Dio nel concedere i suoi favori risiede nella sua assoluta liberalità, spesso Dio sceglie i giardini più ingrati per far risplendere la sua misericordia e onnipotenza.

All'anima giunta a tali altezze, il Signore comunica grandissimi segreti, attraverso rivelazioni, visioni, col solo scopo di renderla più umile, fortificata, e radicata nel disprezzo delle cose terrene e orientata a conseguire il premio che Dio riserva a coloro che lo servono sinceramente.

## IV.11.: CAPITOLO XXII

Il capitolo XXII è uno dei più belli di tutti gli scritti teresiani, un vero gioiello di spiritualità, in cui tratta l'importanza dell'Umanità di Cristo nel progresso della vita spirituale e nelle dinamiche della preghiera, contro la tendenza dei teologi del suo tempo che volevano sminuirne l'importanza. Teresa adduce due motivi fondamentali per tenere in gran conto la riflessione sulla sacra Umanità di Cristo:

A) Il primo risiede nella circostanza che l'anima è portata a coltivare un principio di superbia così nascosto e dissimulato che non ci si rende conto di possedere. La meditazione sulla Umanità di Cristo, soprattutto le sofferenze patite per la nostra salvezza durante l'agonia nel Getsmani, la passione e la morte in croce, mantengono l'anima in una grande umiltà ed evitano all'orante la pretesa di elevare lo spirito indipendentemente dalla volontà di Dio; se il temperamento o qualche infermità fisica non permette di riflettere sulle sofferenze di Gesù, si può contemplare l'umanità di Gesù glorificata nella risurrezione e così come si trova nella SS.ma Eucarestia.

B) Il secondo dipende dal fatto che non siamo esseri spirituali ma, dotati di un corpo e ci dobbiamo comportare da uomini anche nelle cose che riguardano lo spirito: in via ordinaria il pensiero ha bisogno sempre di un appoggio per raccogliersi. Gesù, è sempre un buon amico e la sua umanità ci è di grande aiuto perché lo vediamo uomo come noi, soggetto delle nostre medesime debolezze e sofferenze. Una volta abituati ci sarà facile rappresentarlo. La santa si raccomanda di restare abbracciati alla sua croce, senza mai abbandonarlo ed Egli ci aiuterà a salire, meglio di come potremmo fare noi con la nostra diligenza.

La tesi di fondo è chiarissima: Per piacere a Dio e ricevere grandi grazie, bisogna passare attraverso l'Umanità di Gesù che è la porta attraverso cui ci vengono svelati i segreti divini.

Quando nell'orazione di unione, l'anima fa qualche sforzo per aiutarsi o fa conto sulle sue buone disposizioni e virtù, innalza un edificio senza fondamento destinato ad andare presto in rovina. Non arriverà alla vera povertà di spirito, la quale consiste nel non cercare i conforti e le delizie dell'orazione in sostituzione dei piaceri della terra che si sono abbandonati, ma nel trovare l'unica consolazione ne soffrire per amore di Colui che ha tanto sofferto per noi e nel mantenersi tranquilli nelle prove e nelle aridità.

Bisogna comportarsi come quei somari che attingono l'acqua dal pozzo con la noria, generalmente si muovono con gli occhi bendati e non capiscono ciò che fanno, eppure cavano più acqua del giardiniere nonostante tutti i suoi sforzi. Nella sfera spirituale bisogna abbandonarsi al beneplacito di Dio. se Egli vuole innalzare un'anima nel numero dei principi della sua corte e dei suoi più intimi favoriti, bisogna accettare la grazia volentieri, in caso contrario accettiamo di servirlo negli uffici più umili.

Non bisogna disdegnare di chiedere grazie e favori, ma con umiltà, sottomissione e piena confidenza nella Sua liberalità, perché Dio sa quello che conviene realizzare per ciascuna anima.

In conclusione occorre affinare la prudenza e la discrezione in modo da progredire nell'autentica umiltà.

# CAPITOLO V

# RIFLESSIONI

# SU

# S. GIOVANNI DELLA CROCE

## V.1.: INTRODUZIONE

La dottrina teologico – spirituale di Giovanni della Croce si fonda sulla teologia apofatica di Dionigi l'Aeropagita che, al contrario di Tommaso d'Aquino, non intende spiegare razionalmente il mistero di Dio perché impossibile, ma mette a fuoco la prospettiva originale dell'***ex-sistere***: dell'uscire da sé per immergersi in Dio. L'abisso nel rapporto fra l'uomo e Dio può essere colmato solo con il desiderio passionale e l'amore più che con l'investigazione razionale. La massima conoscenza che di Dio si può acquisire è sempre un raggio di tenebra = una luce donata da Lui che agli occhi della nostra intelligenza rimane sempre buio perché intellegibile.

L'attitudine fondamentale che l'uomo deve coltivare per giungere alla conoscenza esperienziale e amorosa di Dio, consiste: nella ricettività, nella disponibilità all'accoglienza, alla contemplazione e non nello sforzo conoscitivo; da qui la necessità della purificazione dell'intelligenza (o sua crocifissione), anch'essa azione di Dio da Giovanni spiegata attraverso l'immagine dello scultore: agli occhi di Dio siamo come dei blocchi di pietra grezza che Egli vuole sbozzare e plasmare a colpi di scalpello, le sofferenze più grandi da sopportare sono costituite da quelle migliaia di piccoli colpi che Dio ci rivolge per ottenere la forma compiuta, perfetta e definitiva sul modello di Gesù.

L'esperienza dolorosa del carcere vissuta per nove mesi nel convento carmelitano di Toledo, è determinante per la maturazione del suo pensiero spirituale; lì vive l'esperienza fondamentale dell'Amore e del Dio nascosto che rivelandosi pone sempre un velo dinanzi ai nostri occhi: più che scoprirlo, è più importante ascoltarlo con attenzione nella sua costante rivelazione. E il veicolo fondamentale di tale rivelazione è la Sacra Scrittura, non intesa come testo da interpretare, ma come parola viva che deve essere meditata giorno e notte in modo da diventare il contenuto del proprio essere.

## V.2.: IL CANTORE DELLA NOTTE OSCURA

Per Giovanni della Croce il cuore del suo messaggio spirituale è rappresentato dalla Notte oscura, un concetto simbolico dalle infinite sfaccettature.

La notte/la crisi è un tempo favorevole, di grazia per fare l'esperienza di Dio, nella quale Egli agisce nell'uomo portando in superficie tutti gli attaccamenti, gli idoli, e le proiezioni col solo scopo di distruggerli, in modo da creare quel vuoto salvifico che possa essere riempito dal Suo amore. Procedendo per paradossi, la notte è sempre festosa e luminosa nonostante la sua naturale oscurità, in quanto arde nei suoi atri l'intensità dell'amore che funge da guida. Una fede autentica non può che produrre notte perché deve giungere a scardinare non solo le false immagini di Dio ma anche, tutte le mediazioni conoscitive, sacramentali e devozionali. L'unione con Dio è un processo di trasformazione segnato dalla morte di una condizione precedente dalla quale nasce una realtà spirituale nuova e più profonda.

La notte è esperienza d'amore: perché è l'esperienza che il credente fa di Dio che è amore, è un'esperienza che può spingersi nell'angoscia e nella solitudine nelle quali Dio continua a comunicarsi. La crescita spirituale è un ascendere verso mete sempre più elevate secondo un processo non lineare, ma a spirale che presuppone l'esperienza dell'arresto e della crisi.

E' esperienza di unione: nella notte degli amanti accade l'unione fra i due che concretamente consiste in una trasformazione dell'amato nell'amata; nell'unione spirituale l'iniziativa è esclusivamente di Dio, egli è operante anche quando non si percepisce la sua azione e tutto sembra focalizzarsi nello sforzo ascetico dell'uomo. A questa azione di Dio, l'uomo deve corrispondere con una risposta di adesione incondizionata per conformarsi pienamente al Suo dono. La notte oscura è l'unica guida all'unione con Dio perché l'amore che in essa arde, ha la proprietà di cambiare, rendere simili i due protagonisti dell'amore. Questa esperienza di espropriazione che è la notte è quel processo che solo la Parola può mettere in moto; essa deve farsi carne in modo di permettere tale trasformazione dell'uomo in Dio.

E' esperienza della fede: vivere la fede è un essere immersi in una condizione di oscurità in cui si può fare esperienza più concreta della vicinanza di Dio, come avviene nell'esperienza relazionale degli amanti che preferiscono il buio come luogo privilegiato per la loro intima conoscenza. La fede fa avere la certezza che esiste una sorgente eterna da cui la vita esce dalle mani di Dio. Nel Cantico spirituale, il Dottore mistico sviluppa il concetto che tutta la vita umana è presenza di Dio all'uomo e si realizza in tre modi:

1) essenziale: che riguarda tutte le creature buone e cattive dalla quale deriva la vita e l'essere ed è il fondamento di tutte gli altri modi di presenza;

2) per grazia: attraverso la quale Dio riposa nell'anima compiaciuto e soddisfatto di lei, non tutti possiedono questo tipo di presenza, la perdono coloro che cadono in peccato mortale; inoltre nessuno può naturalmente presumere di possederla con certezza;

3) per affezione spirituale: quando, nella relazione con Dio, esiste un vero e proprio affetto, trasporto, pathos che innesca un dinamismo più intenso e trasformante.

Tutti i diversi modi di presenza di Dio rimangono ugualmente nascoste, in quanto Dio non si mostra così come è, perché la vita umana non potrebbe tollerarla senza morire; anche se si perviene ad una illuminazione su un aspetto del Suo mistero, non si arriverà mai a coglierne tutta l'altezza e la profondità

La notte ha un significato epocale che riguarda non solo la dimensione mistica, ma pure quella psicologica e umana. L'esperienza della notte fa prendere coscienza dell'autentica condizione dell'uomo che fluttua tra l'abissale alterità di Dio che spinge l'uomo a cedere alla costitutiva tentazione di un ritorno alle origini, che la psicologia chiama regressione o spinta a rientrare nel grembo materno. Nella sfera spirituale, l'origine che è Dio si colloca sempre dinanzi all'uomo e lo spinge ad andare sempre avanti, anche quando ciò può non rappresentare una crescita, suscitando nell'uomo il desiderio: atteggiamento fondamentale di chi è appassionato d'amore e vuole legare a sé la persona amata. Dio realizza questo progetto in pienezza sottraendosi, facendo errare l'anima nel deserto. E' il paradosso fondamentale sanjuanista secondo il quale l'uomo deve imparare a sentirsi nulla per essere capace di compiere tutto, l'uomo deve imparare a lasciare ciò che si è e si ha per proiettarsi verso ciò che non si è o si ha. La vita del cristiano conosce una sola direzione: l'amore bruciante e attraente di Dio che elimina le scorie mortali e infonde una vita indefettibile ed eterna. Il tutto di Dio e che Dio vuole donare all'uomo è Gesù Cristo.

La notte come vuoto, assenza, negazione per un cristiano che vive autenticamente la fede, è un'esperienza di passaggio/pasquale corrispondente ad una nuova nascita: nel momento in cui Dio distacca l'uomo da sé gettandolo nell'aridità, giunge alla conoscenza del proprio limite e della personale miseria, vede l'abisso della mancanza di fondamento e dell'assenza di senso, sperimenta il crollo delle certezze acquisite su Dio e, solo così può uscire da se stesso, abbandonandosi nelle braccia di Colui il cui volto rimane sempre ignoto. Dio, chiamando l'uomo all'intima relazione con sé, crea lo spazio della ricettività rendendo l'uomo disponibile all'abbandono, secondo una pedagogia personalizzata in riferimento alle diverse condizioni spirituali e disposizioni interiori dei singoli individui. Si può possedere Dio solo nella misura in cui si permette a Dio di rivelarsi e lo si lascia agire liberamente in noi.

La necessità dell'ascesi, della mortificazione che nasce dalla fede e dalla contemplazione della Croce, deriva pure dalla realtà dell'esistenza del peccato: una profonda lacerazione di cui è segnato l'animo umano, che determina disordine morale e sfigura orribilmente la bellezza originaria dell'anima. Un solo appetito disordinato, anche se non costituisce peccato mortale, rende l'anima tanto schiava da non permettere l'intima unione con Dio.

## V.3.: ALCUNI CONFRONTI

Simone Weil ebrea del '900 giunge alle soglie della fede in Cristo Gesù pur non riuscendo ad accettare razionalmente i dogmi e certi comportamenti incoerenti vissuti nella Chiesa. Lei giunge a considerare l'ateismo come esperienza di una autentica purificazione mistica. Il silenzio di Dio si apre alla possibilità di una autentica esperienza religiosa , possibile solo de Dio svela se stesso. Le consolazioni spirituali costituiscono un ostacolo alla vera fede per cui l'ateismo o l'accecamento delle facoltà (notte oscura) fanno piazza pulita di ogni proiezione o concettualizzazione di Dio. Il processo di svuotamento dell'anima permette di passare da ciò che è illuminato alla fonte stessa della luce. Ecco l'importanza dell'intuito che permette di comprendere senza comprendere e senza poter comunicare l'esperienza. L'anima della fede è l'amore, sono due guide sicure: l'amore svela all'anima ciò che la fede racchiude in sé.

C. G. Jung afferma che nell'uomo c'è una zona sconosciuta e inaccessibile all'uomo stesso nella quale sono racchiuse le ragioni più profonde che spingono ad agire: l'inconscio.

E' la zona non solo dell'emotività integrata o repressa, delle pulsioni e delle ferite del passato, ma pure (punto di contatto con Giov. della Croce) la zona in cui è presente Dio che si nasconde, il cui volto rimane invisibile nonostante si sia manifestato storicamente in Cristo; per noi che non abbiamo visto neppure il Figlio possiamo accedere solo per la fede. Jung si accorge che andando verso quel punto di confine tra coscienza e inconscio, è possibile che si inneschi un cammino di cambiamento, una evoluzione verso qualcosa d'altro in cui si tocca il valore primordiale di Cristo inteso come Archetipo non solo dell'esistenza umana, ma pure della possibilità che ha l'uomo di trascendersi. Jung si accorge che non basta il solo contenuto evangelico e la dottrina teologica per un'autentica vita cristiana; ci sono, nella vita dell'uomo, delle ambiguità e dei dinamismi profondi che non permettono di entrare realmente in sintonia con la Verità che razionalmente si professa. Si entra in contatto profondo con Dio, quando non si riesce con la liturgia, la dottrina, le pratiche religiose, attraverso il Simbolo (nel senso di una presenza vitale) che è Cristo. Egli riesce a fornire all'uomo crocifisso dal dubbio, angosciato e solo, tutte le risposte di senso. In Cristo crocifisso, l'uomo è chiamato a morire a se stesso per potersi aprire ed accogliere la novità di una verità che viene da fuori.

## V.4.: SAN GIOVANNI DELLA CROCE POETA E TEOLOGO

Egli distingue fra la conoscenza intellettuale propria della teologia con la quale si comprendono le verità di Dio e la conoscenza mistica frutto dell'esperienza d'amore, che ci permette di gustare la bontà delle medesime verità. Nell'amore c'è pure conoscenza (se non si può amare ciò che non si conosce, si può conoscere ciò che non si ama). E' necessario il coinvolgimento esperienziale nella riflessione teologica, perché non si tratta di investigare una verità logica, ma una verità vivente che è Gesù Cristo. La Rivelazione ci manifesta che la volontà di Dio nel dare origine alla creazione dell'uomo, consiste nel realizzare con lui una intima unione nuziale con Gesù, Verbo incarnato nella quale si rispecchia il dinamismo d'amore trinitario. L'uomo può realizzare pienamente questo progetto attraverso la preghiera. Il senso dell'insegnamento è per S. Giovanni della Croce, quello di ben disporre spiritualmente le anime, per giungere più speditamente all'unione mistica. Egli non propone un sistema teologico organico e sistematico ma esorta a vivere un processo di purificazione di tutto ciò che è carnale e terreno, attraverso una puntuale descrizione fenomenologica della miseria dell'uomo, per realizzare una autentica trasformazione che consiste nella partecipazione alla stessa vita di Cristo donata all'uomo, fino ai vertici ineffabili della comunicazione trinitaria. Per questa sua specifica attitudine, egli si può considerare a pieno titolo come un autentico teologo che espone la sua riflessione attraverso il linguaggio sublime della poesia. La poesia rappresenta la forma di espressione più consona per esprimere la profondità del mistero di Dio.

In modo specifico per S. Giovanni della Croce, la poesia è il veicolo per esprimere il suo duplice senso di stupore: a) per l'infinita generosità che spinge il Signore a scoprire continuamente i tesori della sua sapienza, a comunicare con sempre maggior nitidezza lo splendore del suo volto, a sollevare l'uomo dalla sua condizione di indigenza e caducità verso un traguardo di piena felicità nella progressiva conformazione a Cristo; b) per la considerazione dell'origine del creato. L'universo è compreso all'interno della relazione comunionale trinitaria, all'interno di quel flusso d'amore che lega il Padre, il Figlio e lo Spirito santo; il mondo creato da Dio è il palazzo edificato per il Figlio come luogo necessario in cui può essere consumata la dimensione sponsale del rapporto Dio – uomo.

### V.5.: CHI E' L'UOMO PERCHE' TE NE CURI?

L'antropologia sanjuanista parte dall'affermazione che l'esistenza dell'uomo è intimamente legata a Dio, esiste una unione sostanziale ed iniziale che costituisce la base dalla quale si sviluppa la vita umana. Il cammino della vita rappresenta la scoperta e l'approfondimento di questo legame costitutivo affinché giunga a piena maturazione, attraverso il grande dono della fede, un privilegio di Dio non donato a tutti gli uomini pur essendo destinato a tutti il progetto della salvezza.

E' sempre Dio che per primo compie il passo di ricercare l'uomo lungo la storia, l'amore divino donato, potenzia e coinvolge tutte le facoltà e le capacità umane, l'essere innestati nella vita divina del Cristo realizza nell'uomo un processo di divinizzazione progressiva. Dio, comunicandosi, agisce facendo nuove tutte le cose, fa risplendere di luce fulgida la sua immagine impressa nell'uomo. L'uomo che vuole vivere l'esistenza come relazione con Dio deve cessare di sperimentare l'Assoluto sensualmente o cercarlo fuori di sé esclusivamente nelle sue mediazioni anche sacramentali (queste ultime non vanno mai assolutizzate perché Dio è più grande di esse), per entrare nel buio della fede in cui Dio è presente nella forma dell'assenza. Bisogna intraprendere una faticosa ascensione che richiede uno spogliamento un distacco dalle consuete modalità di relazione con Dio, se stessi e le cose; si arriva a una comunione più profonda solo passando attraverso la rottura degli equilibri precedenti nella logica della Croce. La crisi, intesa come discernimento, è necessaria per approfondire la relazione vitale con Dio. Si tratta di far maturare un atteggiamento di radicale disponibilità e accoglienza all'irruzione dell'amore di Dio manifestato in Cristo che attrae a sé perché più forte dell'intensità degli amori mondani e della drammatica suggestione del peccato.

Due sono le condizioni essenziali per un'autentica esperienza di Dio:

- fides ex auditu la fede nasce, si sostiene e cresce grazie all'ascolto costante della Parola proclamata nella liturgia e interiorizzata nella preghiera, essa ci salvaguarda dal pericolo di ridurre la fede a semplice gnosi, per giungere a sperimentare un ascolto vivo della Parola è necessario attivare la dimensione affettiva dell'uomo di cui l'organo unificante è il cuore. Dato che il linguaggio che Dio ha usato per farsi conoscere e comunicarsi all'uomo è quello dell'amore, è necessario possedere un cuore ardente per Lui per poter accedere alla profondità del Suo mistero e ottenere risposta alle proprie domande.
- L'Eucarestia sacramento in cui si realizza il fine dell'Incarnazione: innestare la comunione d'amore che lega il Padre, il Figlio e lo Spirito nel cuore dell'uomo.

I canali di trasmissione della grazia mediante la quale lo Spirito realizza la cristificazione dell'uomo sono: la Sacra Scrittura e la celebrazione dei sacramenti nella Chiesa. Attraverso questi canali Dio si comunica affinché l'uomo possa giungere alla piena maturità spirituale, possa trascendere di gloria in gloria verso l'archetipo purissimo che è Cristo morto e risorto. Infine la conoscenza della verità di Dio o del Dio vero passa attraverso il superamento dei meccanismi di proiezione insiti nell'uomo, bisogna non lasciarsi imbrigliare da una immagine specifica di Dio che si può coltivare per indole caratteriale o esperienze di vita (generalmente negative), ma essere disponibili ad integrare le proprie immagini con i propri contrari o da altre immagini nuove. Per il Dottore mistico, fondamentale è l'appropriazione esistenziale di due immagini evangeliche fondamentali: lo Sposo, il pastore buono; che riescono a mettere in movimento tutte le energie affettive del cuore dell'uomo per accogliere l'amore misericordioso del Dio di Gesù Cristo

"In quest'intima unione Dio si comunica all'anima con tale intensità d'amore che non c'è affetto di madre che accarezzi con tanta tenerezza il figlio, né amore di fratello o amicizia di amico che possano reggere il confronto"

# CAPITOLO VI

# PREGHIERE

VI.1.: ROSARIO A SANT'AGATA v. m.

O Dio, vieni a salvarmi,

Signore, vieni presto in mio aiuto.

Gloria …

## I Mistero

Sposa ardente di Gesù,

giglio odoroso di virtù,

Agata santa e risoluta,

disdegnasti con vigor,

le malie peccaminose,

di Quinziano tentator.

Padre nostro, Ave Maria, Gloria.

(per 10 volte si ripete in ciascun mistero):

**Finchè Dio mi concede vita,**

**tu sia da me sempre lodata.**

**In eterno sarai acclamata,**

**Agata in cielo coronata.**

II Mistero

Consegnata ai tuoi aguzzini

affrontasti ogni dolor,

fuoco ardente fruste e sputi,

per amore di Gesù,

e di Catania patria bella,

ottenesti protezion.

Padre nostro, Ave Maria, Gloria.

III Mistero

Con coraggio accettasti,

i crudeli straziamenti,

dei tuoi seni sì innocenti,

quel tormento deturpante

il tuo corpo tanto bello,

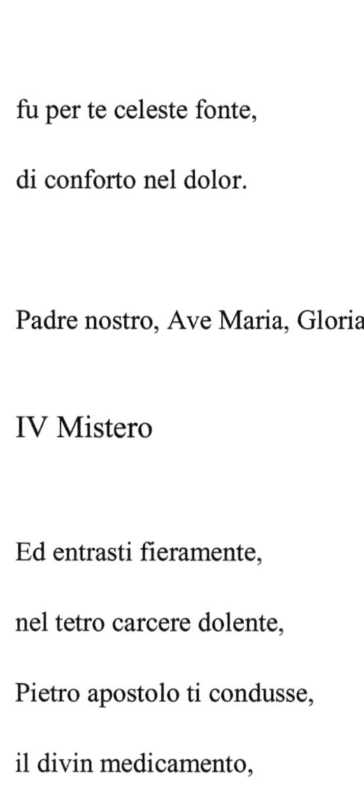

fu per te celeste fonte,

di conforto nel dolor.

Padre nostro, Ave Maria, Gloria.

## IV Mistero

Ed entrasti fieramente,

nel tetro carcere dolente,

Pietro apostolo ti condusse,

il divin medicamento,

di Cristo sposo tuo immortal,

tu l'accogliesti dolcemente,

nel tuo ultimo respir.

Padre nostro, Ave Maria, Gloria.

## V Mistero

Vera amante delle pene,

che soffrì per noi Gesù,

tu che godi, Agata santa,

nel bel ciel il Sommo Ben,

concedi a noi di risentir,

il forte fuoco dell'amor divin.

Padre nostro, Ave Maria, Gloria.

PREGHIERA

Ora che godi in ciel più bello,

di Gesù l'amabil viso,

volgi a noi il tuo sorriso

nella valle dei sospir,

finché spenta la scintilla,

della vita nel dolor,

fisseremo la pupilla,

nella luce del Signor.

**Ci sia caro in questa vita,**

**il tuo nome, Agata santa.**

**Tu nei casi della vita,**

**sii conforto ai tuoi fedeli.**

VI.2.:LITANIE A SANT'AGATA v. m.

Signore pietà

Cristo pietà

Signore pietà

Cristo ascoltaci

Cristo esaudiscici

Padre celeste Dio abbi pietà di noi

Figlio redentore del mondo Dio

Spirito santo paraclito Dio

Santa Trinità unico Dio

Santa Maria prega per noi

Santa Madre di Dio

Regina dei martiri

Regina delle vergini

Sant'Agata gloria della terra di Sicilia

Sant'Agata splendore e vanto di Catania

Sant'Agata che punisci le offese alla tua città

Sant'Agata legata indissolubilmente ai catanesi

Sant'Agata amata e onorata dai tuoi devoti

Sant'Agata solerte annunciatrice del Vangelo di salvezza

Sant'Agata virgineo fiore consacrato a Dio

Sant'Agata sposa fedelissima di Gesù Cristo

Sant'Agata indomita discepola del Signore

Sant'Agata incrollabile di fronte alle minacce

Sant'Agata che difendesti la tua purezza dalle lusinghe meretrici

Sant'Agata che confutasti la sapienza dei potenti

Sant'Agata vittoriosa contro gli assalti del maligno

Sant'Agata dilaniata nelle membra dai flagelli

Sant'Agata straziata nella carne con il fuoco

Sant'Agata amputata del vergineo seno

Sant'Agata rinchiusa nell'angusto carcere dolente

Sant'Agata risanata dal Principe degli apostoli

Sant'Agata che spirasti lodando il Creatore

Sant'Agata venerata nel sepolcro da una schiera di angeli

Sant'Agata traslata in terra di Costantinopoli

Sant'Agata ritornata nella tua terra amata

Sant'Agata potente baluardo contro la lava del vulcano

Sant'Agata venerata da S. Lucia

Sant'Agata che Le ottenesti la guarigione della madre

Sant'Agata che Le preannunciasti la gloria del martirio

Sant'Agata che sostenesti nel martirio S. Digna

Sant'Agata che piegasti l'arroganza del re Svevo

Sant'Agata potente taumaturga per ogni nostro male

Sant'Agata fedele esecutrice della giustizia di Dio

Sant'Agata luce sfolgorante della Chiesa di Cristo

Sant'Agata generosa per coloro che t'invocano con fede

Sant'Agata che hai reso Catania sublime agli occhi di Cristo

Sant'Agata che imporporasti le labbra nel sangue dell'Agnello

Sant'Agata che segui in eterno l'Agnello immolato ovunque vada

Sant'Agata riflesso purissimo della bontà di Dio

Sant'Agata che chiami a onorarti coloro che tu vuoi

Prega per noi, o Agata Santa

Affinché siamo fatti degni delle promesse di Cristo.

ORAZIONE (Composta dal capitolo della Cattedrale di Catania)

O gloriosa vergine e martire S. Agata, tu che, sin dalla prima età,consacrasti a Dio la mente e il cuore; tu che imitasti Gesù, l'agnello immacolato, nella purezza della vita, nell'esercizio delle virtù, nella lotta gloriosa del martirio, intercedi per noi ed ottienici di rassomigliarti. La fede in Dio sia così profonda da illuminare la nostra mente e dirigere in bene tutta le nostra vita. Donaci il coraggio di testimoniare la nostra adesione a Cristo con coerenza e senza timori. Accendi in noi un santo zelo ed una sincera carità . Così per tua intercessione, o Agata buona, possiamo raggiungere quel fine per cui il buon Dio ci creò e ci redense: la beata comunione in paradiso. Per Cristo nostro Signore.

Padre nostro, Ave Maria, Gloria

VI.3.: ROSARIO ALLA BEATA MARGHERITA COLONNA v.

O Dio , vieni a salvarmi

Signore, vieni presto in mio aiuto

I Mistero

Di stirpe Colonna generata,

Mabilia la madre, del serafico Francesco la rese devota,

di purezza, d'umiltà e d'ogni virtù,

la sua giovane età finemente adornò.

Padre nostro, Ave Maria, Gloria.

(per 10 volte si ripete sui grani piccoli)

**Ci sia propizio con il tuo pregar**

**Cristo sposo del tuo cuor**

**Margherita, di Preneste umile fior,**

**accendi dal ciel per noi l'amor divino.**

II Mistero

Vera amante di Gesù, lo curasti con ardor

nelle membra doloranti dei più poveri tra i tuoi.

Tra i vicoli giravi per portar ciò che ti privavi,

animando la speranza nel buon Dio provvido e buon.

Padre nostro, Ave Maria, Gloria.

III Mistero

Rifiutasti con fierezza di legar il cuore tuo,

nelle nozze principesche combinate dai fratelli tuoi.

Preferisti grotte anguste e solitarie del Ginestro amato colle,

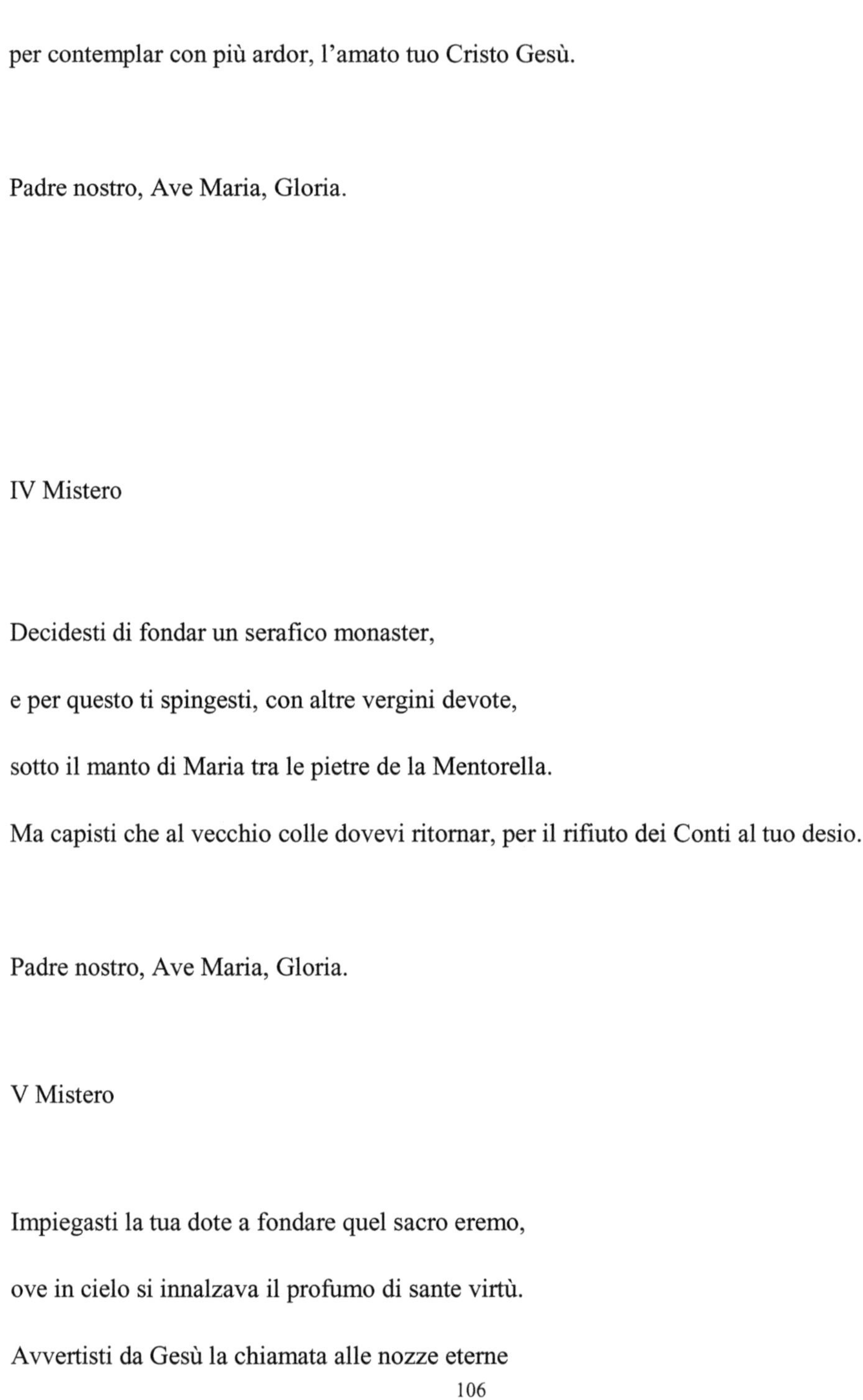

per contemplar con più ardor, l'amato tuo Cristo Gesù.

Padre nostro, Ave Maria, Gloria.

IV Mistero

Decidesti di fondar un serafico monaster,

e per questo ti spingesti, con altre vergini devote,

sotto il manto di Maria tra le pietre de la Mentorella.

Ma capisti che al vecchio colle dovevi ritornar, per il rifiuto dei Conti al tuo desio.

Padre nostro, Ave Maria, Gloria.

V Mistero

Impiegasti la tua dote a fondare quel sacro eremo,

ove in cielo si innalzava il profumo di sante virtù.

Avvertisti da Gesù la chiamata alle nozze eterne

e volesti spiccar il volo dalla fredda e nuda terra

sull'esempio luminoso di Francesco poverello.

Padre nostro, Ave Maria, Gloria.

PREGHIERA

Ora che godi in ciel più bello,
di Gesù l'amabil viso,
volgi a noi il tuo sorriso
nella valle dei sospir,
finchè spenta la scintilla,
della vita nel dolor,
fisseremo la pupilla nella luce del Signore.
Ci sia caro in questa vita,
il tuo nome, Margherita.
Tu nei casi della vita,

sii conforto ai tuoi fedeli.

VI.4.: LITANIE ALLA B. MARGHERITA COLONNA v.

Signore pietà

Cristo pietà

Signore pietà

Cristo ascoltaci

Cristo esaudiscici

Padre celeste Dio abbi pietà di noi

Figlio redentore del mondo Dio

Spirito Santo paraclito Dio

Santa Trinità unico Dio

Santa Maria prega per noi

Santa Madre di Dio

Regina delle vergini

Beata Margherita Colonna gloria della terra prenestina

Beata Margherita Colonna splendore e vanto di Castel S. Pietro

Beata Margherita Colonna legata indissolubilmente al monte Ginestro

Beata Margherita Colonna amata e onorata dai tuoi devoti

Beata Margherita Colonna propagatrice del Vangelo della carità

Beata Margherita Colonna virgineo fiore consacrato a Dio

Beata Margherita Colonna sposa fedelissima di Gesù Cristo

Beata Margherita Colonna indomita discepola del Signore

Beata Margherita Colonna che disdegnasti gli onori del tuo casato

Beata Margherita Colonna che ottenesti la benedizione di Maria Santissima

Beata Margherita Colonna che difendesti la tua purezza dalle nozze stabilite

Beata Margherita Colonna vittoriosa contro gli assalti del maligno

Beata Margherita Colonna madre e modello di sante vergini

Beata Margherita Colonna devota figlia del serafico Francesco

Beata Margherita Colonna amante della solitudine e delle pene

Beata Margherita Colonna che abbracciasti madonna povertà

Beata Margherita Colonna che moristi sulla nuda terra

Beata Margherita Colonna potente taumaturga per ogni nostro male

Beata Margherita Colonna luce sfolgorante della Chiesa prenestina

Beata Margherita Colonna generosa per coloro che t'invocano con fede

Beata Margherita Colonna che segui in eterno l'Agnello nelle nozze eterne

Beata Margherita Colonna riflesso purissimo della carità di Dio

Prega per noi Beata Margherita Colonna

Affinchè siamo fatti degni delle promesse di Cristo

PREGHIERA (Composta da S. E. Mons. Domenico Sigalini)

O Beata Margherita Colonna che sei vissuta in terra prenestina, dove imitando San Francesco nella povertà più assoluta, nell'abbandono fiducioso in Dio e nell'amore sconfinato per i poveri hai fatto incontrare a tutti il volto affascinante di Gesù, Crocifisso e Risorto, ora che sei tra le braccia del Padre, intercedi perché la nostra esistenza si rinnovi nell'amore. La contemplazione della tua santa vita, donata a Dio e al prossimo fino all'ultimo respiro, ci ottenga da Dio luce per capire i nostri errori e chiedere perdono, forza per vincere i nostri egoismi e vivere nell'amore, slancio per metterci al servizio del vangelo e diventare cristiani coraggiosi. O Trinità Santissima a Te affidiamo le nostre vite e i nostri sogni, concedi, per l'intercessione della Beata Margherita Colonna, la grazia che ti chiediamo .... e fa che la Chiesa ne riconosca la santità perché tutti la seguano come immagine fedele di Gesù. Amen

# INDICE

ANGELO MARIA CONSOLI

# ESERCITAZIONI TEOLOGICHE IN CHIAVE SPIRITUALE

Printed by Books on Demand GmbH, Norderstedt / Germany